KB124398

나는
까칠하게
살기로
했다

나는
까칠하게
살기로
했다

상처받지 않고
사람을 움직이는
관계의 심리학

정신건강의학과
전문의 **양창순**

단호하게
앞을 향해서만
변화하는 자연처럼

강아지와 공원을 산책하던 길이었다. 어디선가 툭! 툭! 하는 소리가 연이어서 들려왔다. 돌아보니 커다란 목련 나무에서 시든 꽃들이 바닥으로 떨어지는 소리였다. 바람이 심하게 부는 것도 아닌데 꽃들은 그렇게 소리를 내며 계속 떨어졌다. 며칠 후에는 화사하게 공원을 수놓고 있던 벚꽃 잎들이 약한 바람에도 눈발처럼 마구 휘날렸다. 그 모습을 보면서 '봄에 피는 꽃들은 필 때도 그렇지만 질 때도 참 미련 없이 단번에 지는구나' 싶었다. 강아지만 신이 나서 쏟아지는 꽃잎들 사이를 이리저리 뛰었다. 다시 얼마간 시간이 지나자 공원 어디에도 목련이나 벚꽃의 자취는 간 곳 없고 대신 신록만 가득했다. 문득 자연은 참으로 단호하게 앞을 향해서만 변화해 나간다는 생각이 들었다. 그건 우리 인간이 자연에서 배워야 할 가장 큰 가치가 아닐까 싶기도 했다.

얼마 전 오랫동안 상담치료를 받던 사람의 가족과 인터뷰를 하게 되었다. 그들은 내담자가 상담치료를 받는 동안 많이 성숙하고 변화한 것 같다며 몹시 기뻐했다. 실제로 당사자의 변화에 나 역시 큰 보람을 느끼고 있었다. 그의 변화는 무엇보다도 상담을 통해 그동안 그의 내면에 자리 잡고 있던 불필요한 감정들(예를 들어 불안, 우울, 좌절, 분노, 피해의식 등)이 사라지면서 이윽고 잠재역량이 발휘된 결과였다.

그의 사례에서도 알 수 있듯이 우리의 정신적 성숙과 변화는 과거의 상처에 발목 잡혀 있던 나의 특성과 역량들을 찾아내서 제대로 발휘할 때 생겨난다. 그것이 중요한 이유는 그 과정을 통해 '가장 나다운 내가 되어 갈 수 있기' 때문이다. 이것을 정신의학자 융은 '개성화(individuation)'라고 했고 카렌 호나이는

6
7

'도토리가 참나무가 되는 과정'이라고 했다. 그 과정을 성공적으로 이루기 위해서는 불필요한 에너지 낭비와 더불어 나를 방해하는 요소들로부터 스스로를 보호하는 작업이 필요하다.

융은 우리의 정신 에너지는 외부에서 영향을 받는데 그때 우리의 마음이 불안정하면 외부에서 오는 아주 작은 에너지에도 과격한 정서 반응을 일으킬 수 있다고 했다. 그러한 정신의 불균형 상태는 긴장, 불안, 갈등, 우울과 같은 모든 스트레스를 일으키는 원인이 되므로 늘 '에너지의 물길 트기'가 필요하다는 것이다. 그것을 나는 집 안 청소에 비유한다. 집 안이 어수선하면 일단 일에 집중하기가 어렵다. 찾는 물건이 생겨도 어디에 두었는지 알 길이 없다. 하지만 한 번 '굳게' 마음을 먹고 집 안 정리를 하다 보면 그동안 잃어버렸다고 생각했던 물건들까지 다 모습을 드러내곤 한다. 그중에는 내가 정말 아끼고 소중히 여겼던 것들이 발견되는 경우도 있다. 그것을 다시 찾았을 때의 벅찬 기분이라니!

내 인생에서 그런 행운을 맞이하기 위해서는 먼저 내 마음을 정리하는 시간이 필요하다. 그 과정에서 우린 비로소 자신이 얼마나 무의미하게 감정을 낭비하고 살았는지 알 수 있기 때문이다. 많은 사람들이 상담 과정에서 털어놓는 이야기를 들어보면 가장 큰 후회 중 하나가 왜 그렇게 긴 시간 불필요한 불안으로 힘들어했는지 모르겠다는 것이다.

그들이 나이에 상관없이 크게 고민하고 불안해 하는 문제는 두 가지다. 첫 번째는 자신의 능력을 믿지 못하는 데서 오는 불안이다. 자기 신뢰가 부족하다 보면 앞날의 성공에 대한 희망을 품지 못하고 나는 왜 이 정도밖에 안 되는 존재일까 하면서 과거의 후회에 발목 잡히게 된다. 두 번째는 인간관계에 대한 고민이다. 그런데 이 인간관계에 대한 고민도 첫 번째 고민과 연결되어 있는 경우가 대부분이다. 즉, 스스로에 대해 자신감을 갖지 못하고 불안해 하다 보면 내가 괜찮은 사람이라는 것을 남을 통해 확인받으려고 해서 문제가 생겨나는 것이다. 결과적으로 늘 상대방이 나를 어떻게 평가할지 두렵고, 그러다가 그가 떠나면 그건 내가 존재할 가치가 없기 때문이라는 생각으로 이어지기도 한다. 그로 인해 상대방에게 매달리거나 아니면 자포자기해서 우울감과 무력감에 빠지기도 한다.

사회적 존재인 인간에게 상대방은 꼭 있어야 하는 존재다. 그러나 그가 나와 동등하지 않고 늘 나를 평가하고 살피는 존재라면 그때부터 인간관계는 내게 두려움과 불안의 원인이 되고 만다. 융이 말하는 정신의 불균형 상태에 빠지게 되는 것이다.

긴 시간 동안 정신과 의사로 일하면서 나는 어떻게 하면 그러한 불균형 상태를 바로잡고 불필요한 감정들에서 벗어날 수 있을지 고민해 왔다. 그리고 그 해답으로 내놓은 것이 바로 이 책이었다. 놀랍게도 오랜 시간이 흐르는 동안에도 이 책에 대한 독자들의 관심은 끊이지 않고 이어졌다. 내 이야기에 그만큼 많은 독자들이 공감해 주고 있다는 뜻일 것이다. 덕분에 이번에 새로운 개정판이 나오게 되었다. 그저 감사할 따름이다.

강아지와의 산책길에서 푸르른 하늘, 살랑거리는 바람, 햇살에 연둣빛으로 반짝이는 나뭇잎들을 보면서 참으로 오랜만에 마음이 설레는 느낌이 들었다. 아마도 팬데믹이라는 긴 터널을 뚫고 나와 마침내 맞이한 날들이어서 더 그랬던 것 같다. 때가 되면 미련 없이 사라지는 봄날의 꽃잎들처럼 그동안 억눌려 있던 시간들 또한 홀가분하게 사라지길 바라는 심정이 되기도 했다. 그러면서 '자유로움'이라는 것이 우리에게 얼마나 소중한지 새삼 실감이 났다.

팬데믹 기간에 겪어야 했던 그 모든 어려움이 한 번에 사라질 수는 없을 것이다. 하지만 우리 모두 새로운 날들 앞에서 새로운 변화를 가져올 수 있도록 힘껏 애써야 하리라는 것은 분명하다. 하루빨리 그날이 오기를 고대하면서 이 책을 사랑해 주는 모든 독자들에게 고마운 마음을 전한다.

양창순

◇◇◇◇◇◇◇◇◇◇◇◇◇◇◇◇◇◇◇◇◇◇◇◇◇◇◇◇◇◇◇◇◇◇◇◇◇◇

"우리는 자신에게

자유를 허락할 의무가 있습니다."

◇◇◇◇◇◇◇◇◇◇◇◇◇◇◇◇◇◇◇◇◇◇◇◇◇◇◇◇◇◇◇◇◇◇◇◇◇◇

차 례

Chapter 1

내 인간관계는
왜 이렇게 힘들까?

Chapter 2

상처받은 사람은 많은데
상처 준 사람은 없는 이유

◇◇◇

Chapter 3

자유로운 나로 살기 위한
까칠한 인간관계 처방전

Chapter 4

누구에게도 휘둘리지 않는
내가 되기 위하여

Epilogue

내가 먼저 나 자신과 잘 지내면

남들에게도 거리낌 없이

'있는 그대로의 나'를 내보일 수 있습니다.

뭐가 두려운 게 있으세요?
이제 당신답게 사세요

언젠가 지인의 초대로 낯선 사람들과 남도 여행을 떠날 기회가 있었다. 처음 보는 이들인 만큼 각자 자기소개를 했다. 재미있는 것은 사회적인 관계에서는 반드시 이름 뒤에 자신이 하는 일과 소속을 밝혀야 한다는 점이다. 아무튼 내가 소개를 끝내자마자 나를 초대한 지인이 한마디 했다.

"대인관계 클리닉을 한다고는 하는데, 자기 대인관계도 잘하는
지는 잘 모르겠군요."

그분은 평소 멋진 유머감각으로 좌중을 사로잡는 탁월한 능
력을 갖고 있었다. 하지만 가끔은 그 유머 속에 예리함이 숨겨
져 있기도 했다. 그래서 나는 그분의 유머를 더 좋아했지만 이
번에는 살짝 찔리는 느낌을 받았다. 실제로 나는 한동안 대인관
계 전문가로 보이는 것에 얼마간의 콤플렉스를 가지고 있었다.

전문가들이 빠지는 함정, 즉 자기 분야에서 되도록 완벽한 모
습을 보여야 한다는 기대치가 문제였다. 한때 나는 그 기대치를
채우고자 필사적으로 노력했다. 물론 노력한 만큼 결과가 따르
지는 않았다.

갈등하던 나는 어느 순간 그 기대치를 내려놓기로 했다. 그러
자 놀랍도록 마음이 편안해졌다. 남들의 평가에도 예전처럼 민
감해지지 않았고, 인간관계에서도 나 자신을 드러내는 일이 전
처럼 불편하지 않았다. 일종의 자유로움에 스스로를 맡길 수 있
게 된 것이다. 아마 예전의 나였다면 "전문가라는데 자기 대인
관계도 잘하는지는 모르겠다"라는 농담을 들었을 때 마음이 편

치만은 않았을 것이다. 하지만 많은 면에서 자유로워진 지금은 "대인관계는 몰라도 애인관계는 잘 못하는 것이 맞다"라는 말로 응수할 수 있게 되었다.

인간관계에 대한 우리의 욕구에는 두 얼굴이 있다. '할 수만 있다면' 마음 가는 대로 자유롭게 말하고 행동하고 싶다는 욕구와 '그럴 수 없음'을 알기에 조심하고 신중해야 한다고 자신을 억누르려는 욕구가 그것이다. 이 두 가지는 우리의 마음속에서 늘 부딪치며 갈등을 빚지만, 대부분의 사람들은 후자를 선택한다. 남들에게 괜찮은 사람으로 인정받으려면 그렇게 하는 수밖에 없다고 믿기 때문이다.

그동안 우리에게는 자기 생각을 분명하게 주장하는 것을 다소 불편하게 여기는 문화가 있었다. 남들 앞에서는 겸손하게 처신하는 것이 미덕이라고 배워왔지만, 실상은 좀 다르지 않나 싶다. 당당하고 자신감 있게 내 생각을 말하고 싶은 욕구는 누구에게나 있다. 실제로 남들 앞에서 자기 생각을 주장하지 않는 사람들도 상담할 때는 다른 이야기를 한다.

"나도 내 생각을 분명하게 표현하고 싶어요. 늘 상대방에게 맞취주기만 하는 내가 정말 싫어요."

그들뿐만이 아니다. 나를 포함해 대부분의 사람들이 자기를
주장하는 데 어려움을 겪는다. 거부당하는 것이 너무도 두렵기
때문이다. 이미 오래전에 시인 랭보가 말했듯이 상처 없는 영혼
이 어디 있으랴. 하지만 우린 여전히 인간관계에서 받는 상처를
견뎌낼 만한 용기를 갖지 못한다. 그래서 오늘도 이런 고민을
한다.

'내 생각을 분명하게 말해도 되는 걸까. 그런 날 건방지다고 생
각하면 어쩌지?'
'내가 먼저 마음을 열어 보여도 되는 걸까. 내가 다가간 만큼 과
연 내 진심을 알아줄까?'
'이러다가 결국 상처받는 건 나일 텐데……. 세상에 내 마음 같
은 사람이 있을 리 없잖아.'

이렇듯 우리를 두렵게 하는 생각이 꼬리에 꼬리를 문다. 하지
만 알고 보면 상대방도 나와 똑같은 고민을 하고 있다. 여기서

한 가지 해결책이 분명하게 드러난다. 내 편에서 먼저 거부당하고 상처받는 것에 대한 두려움을 내려놓는 것이다. 그러면 상대방에게 먼저 다가가고 손 내미는 것이 조금은 덜 어렵게 느껴진다. 분명하게 내 생각을 표현하고 자기 주장을 하는 것도 더 이상 불편하지 않게 된다. 물론 상대방이 그렇게 말하고 행동하는 것에 대해서도 이해와 수용이 가능해진다.

그러기 위해서는 어떻게 해야 할까? 먼저 자기 자신과 화해하고 잘 지내야 한다. 우린 스스로에 대해 잘 알고 있는 것 같지만 실제로는 그 반대인 경우가 많다. 따라서 그런 오해에서 벗어나 자기를 있는 그대로 수용하면서 장점은 살리고 단점은 보완해 나가는 용기가 필요하다. 그리하여 내가 먼저 나 자신과 잘 지내면 남들에게도 거리낌 없이 '있는 그대로의 나'를 내보일 수 있다. 그것을 수용해 주는 사람들과는 더 기분 좋게, 잘 지내게 되기 마련이다. 한편 나를 비난하는 사람들과의 관계에서도 자유로울 수 있다. 그 비난이 일리 있는 것인지 아닌지 살펴서 일리가 있으면 고치고, 아니면 그것은 그 사람의 문제로 치부하면 되기 때문이다.

그걸 좀 더 직설적으로 표현하면 '까칠하게 살기로 결심하자' 쯤이 될 것이다. 그리고 이는 이 책의 제목을 『나는 까칠하게 살기로 했다』로 정한 것과도 관련이 있다. 책의 제목을 그렇게 정하고 나니 나 역시 전보다도 마음이 더 편해졌다.

앞서 말한 것처럼 예전의 나는 상대방의 주장이 마음에 안 들어도 '더 이상 내 의견을 고집하면 상대방의 마음이 상하겠지?' 혹은 '어디 가서 내 험담을 할지도 몰라' 싶어 그만 중간에 "맘대로 하세요" 하고 말했던 적이 많았다. 그런데 그 경우 늘 결과가 안 좋았다. 내 마음에도 안 들고 상대방도 "아니 당신도 괜찮다고 했잖아. 당신 책임도 있어" 하고 나왔기 때문이다. 그때 "난 당신 마음이 상할까 봐 그냥 포기한 거였어"라고 말해봤자 소용이 없다. 그래서 생각을 바꿨던 것이다.

어차피 내가 책임져야 하는 일이라면 내 생각을 당당히 주장하는 것이 인간관계에서 얼마나 중요한지를 나는 직접 경험했다. 그것은 상대방의 의사를 무시하는 것이 아니라 내 생각을 죄책감 없이 표현하는 것을 의미한다. 그리고 이때는 '명확하고 간결하게'가 핵심이 되어야 한다.

재미있는 것은 그렇게 하고 나면 상대방도 내 의사를 수용한 다는 점이다. 인간은 상대방이 표현을 안 하면 본심을 모르기 때문이다. 좋아서 좋다고 하는 것인지, 상처가 두려워서 좋다고 하는 것인지, 아니면 피곤하고 지친 나머지 갈등을 회피하려고 그러는 것인지 표현을 안 하면 알 길이 없다. 그러니 내 본심을 당당히 표현하는 것이 좋다. 그것이 내가 생각하는 '건강한 까칠함'이다.

물론 거기에는 전제 조건이 있다.

첫째, 내 의견에 대해 합리적이고 객관적인 정보가 필요하다. 알지도 못하면서 주장만 한다면 그것은 까칠함이 아니라 무례하고 거친 요구밖에 안 되기 때문이다.

둘째, 인간과 삶에 대한 이해와 사랑이 있어야 한다. 그래야 당당하게 자기를 주장하면서 그 사이에서 생겨나는 갈등을 수용하고 해결해 나갈 수 있다.

셋째, 어떤 경우에도 끝까지 매너를 지키는 것이다. 음식도 날것으로 먹으면 자칫 소화장애를 일으키듯이, 인간의 감정도 서로가 날것인 채로 부딪치다 보면 불필요한 상처가 생길 수밖에 없다. 매너는 그와 같은 날것을 부드럽고 따뜻하게 만들어준다.

다행인 것은 언제부터인가 젊은 층을 중심으로 그런 소통의 문화가 퍼져나가고 있다는 점이다. 자유롭게 나를 내보이고 남들이 그렇게 하는 것을 수용하는 데도 거부감을 갖지 않음으로써 좀 더 건강한 인간관계를 이루려고 노력하는 사람들이 많아진 것이다.

이런 노력이 중요한 이유는 우리 본성에는 좋은 사람들과 친밀한 관계를 맺으며 성공적인 삶을 살고자 하는 너무도 강력한 소망이 들어 있기 때문이다. 그런 소망이 이루어지지 않을 때 우리가 느껴야 하는 좌절감과 비참함은 이루 말할 수 없이 크다. 피해의식과 원망이 싹트는 것도 그때부터다. 이를 극복하기 위해서는 나를 힘들게 하는 내 안의 심리적 문제들에 대한 이해가 필요하다. 우리는 나로 미루어 남을 짐작한다. 우선은 나를 이해할 수 있어야 남에게 공감도 하고 소통도 할 수 있는 것이다. 그리고 그와 같은 노력을 꾸준히 해나갈 때 세상은 내 진심을 알아주고 먼저 다가와 손 내밀어주며 마음을 열어줄 것이다.

이 책은 그와 같은 주제들을 마치 한 편 한 편 이야기를 건네듯이 독자에게 전하려고 애쓴 노력의 산물이다. 부디 나의 마음이 독자들에게 전달되기를 바랄 뿐이다. 그리하여 이 책이 인간 관계에 대한 두려움이 설렘으로 변화하는 계기가 될 수 있다면 더 바랄 것이 없겠다.

Chapter 1

내 인간관계는
왜 이렇게 힘들까?

나는 왜
만날
이용만 당할까?

우리가 인간관계에서 느끼는 가장 기본적인 불안감은 사람들에게 자신의 존재를 거부당할까 두려워하는 거부불안이다. 성공한 사람이든 아니든 이 거부불안은 누구나 다 가지고 있다. 그 이유는 '인간관계=인생'이기 때문이다. 그리고 무엇보다도 우리는 관계를 통해서 성장한다. 그러니 우리가 인간관계를 잘 만들어가고 싶어 하는 것은 너무도 당연한 욕망이다. 그 욕망 앞에서 때로 좌절하고 흔들리고 상처 입고 피 흘린다고 해도 우린 끝까지 잘해내고 싶은 것이다. 그것이 곧 나의 인생이기에.

인간관계를 잘 맺는 비결의 하나를 나는 늘 우리가 옷을 입는 것에 비유한다. 즉, 우리가 때와 장소에 맞춰서 옷차림이 달라지듯이 인간관계 역시 시의적절해야 하는 것이다. 거절이 필요할 때는 거절하고, 받아들여야 할 때는 받아들일 줄 아는 능력이 있어야 한다. 그러기 위해서는 먼저 인간관계를 이루는 기본적인 심리 유형에 대해서 알고 있어야 한다.

우리의 인간관계 양상은 크게는 세 가지 유형으로 나뉜다. 적극적으로 타인을 지배하고 통제함으로써 자신이 우위에 서고자 하는 지배형, 인간관계에 불편감을 느껴 거리를 두려고 하는 회피형, 인간관계에서 애착관계를 형성하는 것을 중요하게 생각하는 친밀형이 그것이다.

건강한 인간관계란 '시의적절'하게 이 세 가지 유형을 고루 사용할 수 있는 능력을 말한다. 즉, 순응할 때는 순응하고 리더십이 필요할 때는 적극적으로 리드하며, 자신의 독립적 공간을 유지하고 싶을 때는 그렇게 할 수 있는 능력을 갖고 있어야 하는 것이다. 하지만 어느 노래 가사처럼 내 속에는 내가 모르는 내가 너무도 많은 것이 문제다. 그 많은 내가 때로는 서로 조화를 이루기도 하지만 때로는 서로 불화하면서 나의 시의적절한 인간관계를 방해하는 것이다.

　인간관계에서 매우 독립적이고 맺고 끝는 것이 분명한 타입인 하은 씨는 도무지 남편이 이해되지 않았다. 연애할 때 남편은 그저 자상한 남자였다. 뭐든 하은 씨의 의견을 먼저 물어보고, 거의 매번 그 의견에 따랐다. 음식 메뉴를 정하는 사소한 일에서부터 옷 입는 것, 여행지를 정하는 것 등등 무엇이든 그녀가 하자는 대로 했다. 그런 태도에 가끔 짜증이 날 때도 있었지만 하은 씨는 자신의 성격이 워낙 급한 반면 남자는 느긋하기 때문이라고 생각했다. 그런 느긋함이 있으니 지금처럼 자상하게 나만 배려해 주는 것이라고 믿었다.
　하지만 막상 결혼이란 것을 하고 나자 상황이 완전히 달라졌다. 결혼생활에 뒤따르는 크고 작은 일들을 겪으면서 그녀는 비로소 남편이 완벽한 순응주의자였음을 깨달았다. 특히 시어머니 앞에서는 그런 태도가 심했다. 그동안 하은 씨에게 모든 것을 맞춰주고 배려해 준다고 여겼던 일들이 사실은 자신의 엄마

에게 무조건 순응하던 태도에서 비롯되었다는 것을 이해하게
되었다.

밖에서도 거절이란 것을 못하는 남편에게 하은 씨는 대체 왜
그래야 하는지 심각하게 물어본 적이 있다. 그러자 남편은 이렇
게 대답했다.

"어린 시절부터 줄곧 '좋은 게 좋은 거지, 내가 손해를 보더라도
다른 사람이 불편하지 않은 게 낫다'는 생각을 하면서 살아왔어.
특히 아버지와 싸우며 번번이 눈물바람을 하는 엄마 앞에서는
......."

물론 언제부터인가 스스로도 이런 자신이 답답하게 느껴졌지
만 이미 습관이 되어서 그런지 남편은 되레 이 편이 더 편한 측
면도 있다고 털어놓았다.

인간관계로 고민하는 사람들 중에는 이런 유형이 의외로 많
다. 너무 의존적이다, 남의 눈치를 본다, 만날 이용만 당한다, 나
도 모르게 사람들 비위를 맞춘다 등등. 이들의 대인관계 패턴을
살펴보면 대체로 순응성이 지나치게 높았다. 즉, 다른 사람에게

이용당하거나 순종적인 정도가 지나칠 뿐 아니라 독립성을 유지하는 데도 상당히 어려움을 겪는 것이다.

이런 경우 대부분 상대방을 기쁘게 해서 자기를 받아들이게 하려는 무의식적인 욕구가 너무 큰 것이 원인이다. 심지어는 가까운 가족이나 친구, 동료들은 물론이고 처음 만나는 상대한테도 그런 기분을 느낀다고 털어놓는 사람들이 있다. 자기도 모르게 상대방 눈치를 보면서 비위를 맞추거나, 상대방이 연장자일 경우 마치 무슨 비서처럼 나서서 애를 쓴다는 것이다. 그런 자신에게 열패감을 느낄 때도 많아서 그러지 말자고 결심하지만 막상 비슷한 상황이 되면 똑같은 행동을 되풀이한다고들 한다.

그런 행동의 밑바탕에는 대개 자신을 무력한 어린아이로 보는 심리가 숨어 있다. 마치 거인나라에 온 걸리버처럼 자기 주위에 있는 모든 사람들을 두려워하는 마음 때문에 그들의 기분을 거스르지 않으려고 전전긍긍하는 것이다. 일종의 거부불안이다. 자신의 태도로 인해 상대방에게 거부당해 상처 입고 싶지 않다는 무의식적 욕구가 무조건적인 순응으로 나타나는 것이다.

이런 유형들은 먼저 자신 안에 그런 심리가 있다는 사실을 알고 받아들이는 자세가 필요하다. 그리고 아주 작은 일에서부터 좀 덜 순응적이 되고자 노력해야 한다. 물론 누구도 마음의 상처를 입으며 살아가고 싶은 사람은 없다. 하지만 이 세상 어디에도 마음의 상처 없이 살아가는 사람 또한 없는 게 현실이다.

인간인 이상 우리는 누구나 다 조금씩 불완전하고 변덕스러운 존재다. 강한 때가 있는가 하면 약한 때가 있고, 거부당하고 상처 입는 때가 있는가 하면 때로는 모멸감과 치욕을 경험하기도 하면서 살아간다. 다만 그것을 인정하고 받아들이기가 쉽지 않을 뿐이다. 결국 현실을 직시하며 나만의 발걸음을 한 걸음씩이라도 떼어놓는 훈련을 하는 수밖에. 자신이 느끼는 감정을 억압하면서까지 상대에게 맞춰줄 필요는 없다.

낯선 곳에서의
내가
버겁고 힘들다면

———

"사람은 기본적으로 두 부류다. 솟구치는 감정을 꾹꾹 눌러 참고 담아두는 부류와 모든 걸 겉으로 팍팍 드러내는 부류." 줄리언 반스의 소설『내 말 좀 들어봐』에 나오는 구절이다.

인간관계에서 쉽게 피로감을 느끼고 거리를 유지하려는 사람들은 첫 번째 부류에 해당한다. 이들은 '사회적 불편감'이 높은 유형이다. 사회생활을 불편해서 당황하고 회피하는 성향이 강하다 보니 솟구치는 감정 역시 꾹꾹 눌러 참고 담아두지 않으면 안 되는 것이다. 물론 억지로 그렇게 하는 것은 아니다. 대개는 그 편이 더 마음 편하기 때문이지 감정을 느끼지 못해서는 아니다.

소현 씨는 누구보다 정에 약하고 감수성이 예민하며 이해심이 많은 타입이다. 하지만 낯선 장소나 낯선 사람에 대한 수줍음이 너무 크다 보니 사람들과 친밀하게 사귀는 것 자체가 어렵다. 기질적으로 사람들에게 먼저 다가가거나 자신의 감정이나 경험을 적극적으로 드러내는 것이 잘 안되는 것이다. 당연히 여러 사람과 함께하는 모임이나 활동에 참석하는 것은 그녀에게 매우 드문 일이다. 그녀는 어떤 핑계를 대서든 여럿이 모이는 자리에서 빠져나갈 궁리를 했고, 어쩌다가 도저히 거절할 수 없는 경우에는 사람들의 눈에 띄지 않게 최대한 조심하며 구석진 자리에서 움츠려 있곤 했다. 그나마 다행인 점은 어떻게 해서(대개는 상대방이 먼저 다가와 손을 내밀거나 아니면 순전히 우연한 힘에 의해서) 일단 한번 친해진 사람과는 그 관계를 오래 지속했다.

우리가 인간관계에서 먼저 다가가지 못하고 쉽게 마음을 터놓지 않는 데는 그럴 만한 이유가 있다. 가장 큰 이유는 소현 씨처럼 기질적으로 낯선 사람과 낯선 상황에 대한 수줍음이 너무 크기 때문이다. 또한 스스로에 대한 규준이 높고 그 기대치를 채워야 한다는 부담감이 지나친 것도 하나의 원인이다. 스스로를 잘 통제해야 한다는 완벽주의 성향을 지니고 있는 것은 말할 것도 없다. 그러다 보면 인간관계에서 기대치를 채우기 어렵거나, 자신의 통제범위를 벗어날 것 같은 상황 앞에서는 불안감이 커지기 마련이다. 그런 사람일수록 어떤 상황에서든 완벽하게 순발력을 발휘해야 한다고 생각하기 때문에 아주 편안한 관계가 아니고서는 자신을 잘 열어 보이지 않으려 조심하게 되는 것이다.

한편 사회적 불편감이 높은 사람들 중에는 처음부터 사람들과 지나치게 가까워지는 것을 좋아하지 않는 독립성을 지닌 경우도 많다. 그들은 애초에 사회적 관계를 맺는 것에 그다지 큰 관심을 기울이지 않는다. 오히려 사람들과 일정한 거리를 두고 떨어져 지내는 것을 더 선호한다. 자신의 개별성과 독립성을 더 중요하게 생각하다 보니 내면의 감정을 사람들과 함께 나누는 일에도 적극적이지 않은 것이다. 그런 면들로 인해 주변 사람들에게는 냉담하고 거리감 있는 사람으로 인식되지만 정작 당사자는 별로 개의치 않는다.

그런 사람들은 많은 사람을 만나야 하는 일에 쉽게 피로감을 느끼기 때문에 아예 사람들을 만나는 것 자체를 회피하기도 한다. 그들 역시 자신을 외로운 존재로 생각할 가능성이 있지만, 인간관계에서 자신의 개별성과 독립성을 잃느니 차라리 외로운 편을 택할 가능성이 더 높다.

타인의 반응에 민감한 성향이 높은 경우에도 사회적 불편감을 겪을 확률이 높아진다. 심리적으로 인정과 애정의 욕구는 높지만 상처에 대한 두려움 때문에 결과적으로 사람들과 거리감을 유지하는 상태에 놓이게 되는 것이다. 그런 유형일수록 창피하거나 당혹스러운 경험을 하면 그것을 극복하는 데 시간이 걸린다. 따라서 처음부터 그런 일을 만들지 않고자 인간관계에 거리를 두게 되는 것이다.

우리가 숨을 쉬려면 꼭 필요한 것이 공기다. 하지만 공기 속에 백 퍼센트 산소만 있는 것은 아니다. 이산화탄소나 질소, 먼지 등도 섞여 있다. 그래도 우리는 숨쉬는 데 아무런 문제가 없다. 인간관계도 마찬가지다. 우리에게 인간관계는 마치 공기와 같아서 그 속에는 내가 바라는 완벽한 관계도 있지만 때로는 불안과 두려움, 의도치 않은 상처도 늘 함께하기 마련이다. 따라서 그 점을 인정하고 좀 더 과감하게 인간관계를 시도해볼 필요가 있다.

무엇보다 나로 하여금 사회적 불편감을 느끼게 하는 심리적 원인이 무엇인지 먼저 알아보고 그것을 받아들이려는 자세가 필요하다. 그러는 편이 오히려 사회적 불편감을 더는 계기가 되어줄 수 있기 때문이다. 타고난 성품이 아무리 유연한 사람일지라도 계속해서 긴장과 불안에 스스로를 시달리다 보면 문제를 초래할 수밖에 없다. 앞서 보았듯이 우리가 인간관계에서 느끼는 불안, 긴장, 두려움은 공기와 마찬가지로 지극히 현실적인 감정이다. 그러므로 억압하기보다는 있는 그대로 자신의 감정을 수용하는 자세가 필요하다. 마치 숨을 쉬듯 자연스럽게. 그리고 그렇게 하는 것만으로도 마음에 조금이나마 여유가 스며드는 경험을 할 수 있을 것이다.

작은 결정도
내 마음대로
못 할 때

―――――

지우 씨는 얼마 전 장을 보러 간 마트에서 다소 당혹스러운 경험을 했다. 자기 또래로 보이는 한 사람이 봉지에 든 멸치를 적어도 스무 번 이상 집었다 놓았다 하면서 결정을 내리지 못하고 있었던 것이다. 물론 알뜰한 나머지 조금이라도 더 나은 것을 고르려고 고군분투하는 것일 수도 있었다. 하지만 그게 아니라는 것을 그의 태도로 알 수 있었다. 그는 단지 어느 것을 골라야 할지 결정을 내리지 못해 어찌할 바를 모르고 있는 것뿐이었다. 그후로도 그는 열 번쯤 더 똑같은 봉지를 집었다 놓았다 하다가 간신히 하나를 카트에 넣고는 다른 코너로 갔다.

지우 씨가 당혹감을 느낀 건 그에게서 자신의 모습을 봤기 때문이었다. 그녀는 하다못해 파 한 단을 살 때도 선뜻 결정할 수가 없었다. 누가 옆에 있으면 이상할 정도로 증세가 심해졌기 때문에 마트에는 당연히 될 수 있는 대로 혼자서 갔다. 그런데 그날 바로 곁에서 우연히 자신과 똑같은 행동을 하는 누군가를 보게 되었고, 지우 씨는 그제야 정신이 번쩍 들었다. 그리고 그 순간 굳게 결심했다. 마트에서 무엇을 사든지 맨 처음 눈에 띄는 것을 집어 들어 곧바로 카트에 담기로. 그건 말이 쉽지 매우 어려운 일이었다. 하지만 그녀는 마트에 갈 때마다 이를 악물고 애썼다. 갈팡질팡할 때마다 자신에게 깨달음을 준 그 사람을 떠올리면서.

이 이야기가 남의 얘기처럼 들리지 않는 사람들이 아마도 꽤 있을 것이다. A한테는 그냥 뚝딱 해치울 수 있는 일이 B한테는 죽기보다 어려운 경우가 있는데 결정을 내리는 것도 그중 하나이기 때문이다. A는 의사결정이 매우 빠르고 한번 결정하면 별의구심 없이 밀고 나가는 유형인 반면, B는 결정 장애가 의심될만큼 결정을 내리지 못하고 뭐든지 상대방이 결정해 주기를 바라는 유형일 수 있다.

크고 작은 일에 갈팡질팡하면서 결정을 내리지 못하는 사람들은 대개 대인관계 패턴에서 '비주장성'이라는 척도가 매우높다. 비주장성이란 자기주장을 하기보다 상대방에게 맞추어주고 끌려가는 경우가 많은 성향을 뜻한다. (그중 거의 대부분은 다른 사람의 입장을 더 많이 고려하는 과순응성과 자기희생 척도 또한 높다.) 앞서 만난 지우 씨 역시 결혼 전에는 거의 모든 결정을 부모님 아니면 남자친구가 내려줬다고 해도 지나치지 않았다. 그리고 결혼한 지금은 그 남자친구가 남편이 되어 여전히 그녀의결정을 대신 내려주고 있었다.

이들이 보이는 대인관계 패턴은 인정욕구와도 관계가 깊다.상대방을 기쁘게 해서 인정받고자 하는 욕구가 강한 것이다. 그러다 보니 다른 사람의 부탁을 거절하지 못하고, 타인의 욕구에지나치게 민감해서 자기가 원하는 것보다 먼저 상대방의 욕구를 중요하게 생각한다. 그리고 다른 사람의 일에 책임감을 느끼며 도와주려 함으로써 자신에게 강한 결속을 바라는 성향을 보이는 것이다.

이들이 보이는 또 다른 특징은 정보처리 과정이 건성일 수 있다는 점이다. 유심히 보는 것 같지만 실제로는 잘 보지 못하고, 귀 기울여 듣는 것 같지만 실제로는 들은 것이 없는 경우가 여기에 해당한다. 일종의 회피기제를 사용하기 때문이다. 다시 말해, 부정적이거나 잠재적으로 마음이 상할 만한 정보들을 적극적으로 피하다 보니 정보가 압축되거나 무시되는 경우가 종종 생겨난다. 따라서 어떤 일을 결정해야 할 때는 막상 제대로 된 정보를 갖고 있지 못하게 되고 결과적으로는 결정을 내리는 일 자체가 힘들어질 수밖에 없는 악순환이 이어지는 것이다.

이유가 무엇이든 결정에 어려움을 겪는 사람들이 지우 씨처럼 문제를 스스로 깨닫고 고치려고 애쓰는 케이스는 드물다고 봐야 한다. 하지만 아주 없지는 않으므로 일단 첫걸음을 떼고 노력해 볼 필요는 있다.

우선 자신이 한번 내린 결정은 번복하지 않는 훈련을 하는 것이다. 결정이란 내가 선택하지 않은 것에 대한 미련을 버리는 일도 포함된다. 선택 역시 아주 작은 일에서부터 시작하는 것이 좋다. 선택은 단번에 딱 한 번만 하는 것으로. 예를 들어 자잘한 물건을 사면서도 단번에, 짜장면을 먹을까 짬뽕을 먹을까 싶을 때도 단번에, 전화를 할까 말까 망설여지는 순간에도 단번에 곧장 결정을 내리는 것이다.

때로는 후회가 따르겠지만, 적어도 결정을 해야 하는 순간 앞에서는 마음고생을 덜 수 있다. 그리고 어차피 어떤 결정을 내리든 때때로 후회 없는 인생이 어디 있으랴. 그러니 일단 작은 일에서부터 너무 길게 망설이지 말고 단번에 결정하는 연습을 해보시기를⋯⋯!

희생하고
남는 건
상처뿐인 관계

———

'오지라퍼'라고 하면 흔히 광범위한 인맥을 자랑하는 사람들을
떠올린다. 휴대전화에 저장된 전화번호 숫자만도 어마어마하고,
이런저런 모임을 만들어 때로는 자신의 이익을 위해 듣기에도
스펙터클한 직함을 앞세우는 사람들이다.

  하지만 어디까지나 선의로 사람들을 도와주고 싶어 하는 착
한 오지라퍼도 있다. 자신도 모르게 이리 뛰고 저리 뛰고 하면

서 시간과 에너지를 들이는 사람들이다. 물론 힘들 때도 있지만 당연한 거라고 생각해 그다지 개의치 않는다. 상대방에게 자신이 지닌 선의가 통하기만 하면 그것으로 만족하는 것이다.

민준 씨가 이런 유형에 속했다. 한때 "으으으~리!"라는 말이 유행했을 때 대부분은 이 말을 농담으로 여겼을지 모르지만 그만은 아니었다. 민준 씨는 전적으로 공감하며 자신이 그런 '의리남'인 것을 매우 자랑스러워했다. 실제로 그는 남의 부탁이라면 모든 일을 다 제쳐놓고 뛰어다녔다. 당연히 자신의 시간과 돈, 에너지가 희생되는 경우가 많았다. 물론 그는 그것을 희생이라고 생각해본 적이 없다. 크고 작은 일에서 남에게 도움이 될 수 있다면 작은 희생쯤은 아무것도 아니라고 생각했다. 주변에서도 그의 의리를 칭찬하는 사람들이 꽤 있었다. 그럴수록 그는 더 열심히 남의 일에 발 벗고 나섰다.

그러던 어느 날이었다. 회사 화장실에서 민준 씨는 우연히 동료 두 사람이 자신에 대해 험담하는 것을 듣게 되었다. 먼저 한 동료가 상대방에게 민준 씨를 지칭하며 말했다.

"의리남은 무슨, 내 생전에 그렇게 남의 일에 오지랖 떨고 다니는 친구는 첨 봤다. 대체 자기를 뭐라고 생각하는 거야? 슈퍼맨이나 아이언맨쯤 된다고 여기나? 아니면 홍 반장? 아무래도 정상은 아닌 것 같다."

그러자 상대방이 매우 시니컬하게 한마디를 날렸다.

"맞아, 그런 친구는 국회로 보내야지. 또 누가 알아? 저러다가 진짜로 출마 선언을 하실지."

그날, 민준 씨는 매우 충격을 받았다. 더욱이 그 두 동료는 평소 민준 씨의 행동에 "쿨하고 멋지다"라며 엄지를 치켜세워주던 사람들이었다. 그는 회의에 빠졌다.

어떤 인간관계든 그 밑바탕에는 지금과 같은 관계를 만들어낸 뚜렷한 동기가 있다는 말이 있다. 맞는 말이다. 민준 씨에게 가장 큰 비중을 차지하는 동기는 사람들에게 인정받는 것이었다. 그러다 보니 상대방이 '원하는 것 같은' 일이 있으면 자기가 먼저 알아서 도움을 주고자 최선의 노력을 기울였다. 상대방이 먼저 도움을 청하는 경우도 있었지만 민준 씨가 더 빨리 나서서 도움을 주려고 애쓰는 때도 많았다. 대개의 경우 상대방은 고마움을 표현했고 민준 씨는 그런 감사의 표현 덕분에 더욱 의리남으로서 매진할 수 있었다. 그런데 정상이 아닌 것 같다니. 도무지 이 상황을 이해할 수 없어서 그는 난감하고 당황스러웠다.

물론 민준 씨는 좋은 사람이었다. 그의 오지랖도 착한 쪽이었다. 다만 그것이 때로는 거부불안에서 비롯된다는 사실을 몰랐던 것뿐이다. 사회적 인정욕구가 강한 사람일수록 자신이 인정받지 못하고 거부당하면 어쩌나 하는 불안이 내면 깊숙이 자리해 있다. 그런 경우, 때로는 많은 것을 희생하면서까지 상대방을 기쁘게 해주려고 자신도 모르게 행동하곤 한다. 어느 때는 상대방이 원하지 않는 것까지 자기가 먼저 나서서 도와주려고 한다. 그러면서 자신의 행동이 상대방에게는 쓸데없는 간섭이나 '너무 오버하는 것'으로 여겨지리라고는 생각하지 않는다. 즉, 자신의 행동이 반발을 불러올 수 있다고는 꿈에도 생각하지 않고 앞만 보고 달려가는 것이다.

물론 많은 시간을 내가 아닌 남을 위해 동분서주하면서 기쁨을 느끼고 쿨하게 살아간다는 것은 분명 좋은 일이다. 마음을 다해 관심을 가지고 돕는 일 자체가 비난받아서는 안 된다. 하지만 그것도 지나치면 문제가 된다. 특히 독립성 강하고 자기주장이 분명한 사람들에게는 매우 부담이 될 뿐 아니라 심하면 화를 불러올 수도 있다. 그들로서는 멋대로 자기 영역을 침해하는 것으로 받아들일 수도 있기 때문이다.

　민준 씨는 처음으로 사람들이 그렇게 느낄 수도 있다는 사실을 받아들이고 나서야 비로소 자신의 행동에 어느 정도 제동을 걸 수 있었다. '과유불급'은 오지랖에도 해당되는 셈이다.

그저
감정에
솔직했을 뿐인데

———

남에게 이용당하고 끌려다니는 사람만이 인간관계에서 상처받는 것은 아니다. 주원 씨는 스스로를 감정에 솔직하고 때로는 정의감이 넘치는 타입이라고 평가했다. 문제는 평소 지나치게 자주 친구들에게 전화를 한다는 사실이었다.

오늘은 회사에서 팀장 아무개가 꼴에 상사라고 잘난 척을 해서 짜증나 죽을 뻔했다느니, 후배 누구는 도무지 회사 생활의 기본도 안 되어 있으면서 자기한테 오히려 '꼰대'라고 했다느니, 지하철에서 어떤 매너 없는 인간들이 어찌나 큰 소리로 떠들어대는지 물병이라도 들고 있었으면 '확' 끼얹어주는 건데 그러지 못해서 분하다느니 하는 레퍼토리들이 거의 고정이었다. 그래도 거기까지는 참아줄 만했다. 어쨌든 주원 씨 말대로라면 상대방에게 조금씩이라도 허물이 있는 것은 분명하니까. 하지만 양심적이고 규칙을 지키며 살아가는 사람이 자기 혼자뿐인 것처럼 떠들어댈 때는 친구들도 다 기가 질려 했다.

그녀는 평소에도 갑자기 화를 낼 때가 많았다. 햇살이 좋으면 기미가 생긴다고 화를 내고, 비가 오면 신발이 젖는다고 화를 내는 식이었다. 경제적으로 넉넉한 친구들을 보면 "돈이 남아도네. 팔자 좋네. 신랑 잘 만났네" 하며 짜증을 냈다. 듣는 사람이 지칠 정도였다. 더 심한 것은 자기 기분이 우울할 때마다 주위 사람들 모두에게 "나 지금 너무 우울해 죽을 것 같으니까 위로해 달라"라고 전화를 건다는 사실이었다. 그러다가 친구들이 받아주지 않으면 이번에는 그런다고 화를 냈다.

주변 사람들이 하나둘 연락을 끊고 이제 더 이상 전화를 걸 만한 사람도 남아 있지 않을 때, 그녀는 큰 충격에 휩싸였다. 자신이 대체 뭘 잘못했는지 도무지 이해할 수 없어서였다.

"아니, 상대가 먼저 잘못하는데도 화가 나지 않나요? 그리고 화가 나면 화가 난다, 짜증나면 짜증난다, 우울하면 우울하다고 말하는 게 뭐가 이상하죠? 어떻게 불만이 있는데 속으로 삼킬 수가 있나요?"

주원 씨처럼 분노를 조절하는 데 어려움을 겪고 있고, 그것을 자신이 공정하고 양심적인 사람이어서 옳지 않은 일을 보면 울컥하는 것이라고 여기는 사람들이 있다. 작은 일에 엄격하게 원칙을 들먹이면서 화내는 사람들인데, 그들의 인간관계 패턴을 보면 거의 대부분 공격적인 지배욕구를 갖고 있다. 한마디로 자기 마음대로 상황을 좌지우지하고 통제하고 싶어 하며, 그러지 못할 경우 쉽게 화를 내고 공격적이 되며 피해의식도 키워가는 유형이다. 그러면서 스스로는 자신을 정의파라고 여기는 경우에는 최악의 조합이라고 할 수 있다. 자신의 신념이 확고한 만큼 행동 역시 정당화하기 때문이다.

상담이 진행되면서 주원 씨는 "세상 모든 사람이 다 나 같은 줄 알았다. 그러다 보니 어떻게 분노를 참고 부드럽고 완곡하게 돌려서 말해야 하는지 지금까지 배우지 못했다"라고 털어놓았다. 이런 사람들은 자신의 인간관계 패턴이 공격적이고 지배욕구가 강하다는 것과, 그로 인해 잦은 분노발작을 경험할 수 있다는 것을 먼저 이해해야 한다. 자신은 그것을 모를 가능성이 상당히 크기 때문이다. 앞에서도 언급했듯이, 내 속에는 나도 모르는 내가 존재한다. 그러나 대부분의 경우 좀 더 두드러지는 유형이 있게 마련이고, 그것이 나의 인간관계 패턴에 가장 큰 영향을 미치는 것은 분명하다. 즉, '솟구치는 감정을 꾹꾹 눌러 참고 담아두는 부류'와 모든 걸 '겉으로 팍팍 드러내는 부류'는 서로 다를 수밖에 없고, 그 다름이 나의 인간관계는 물론이고 때로는 삶의 모습까지도 만들어가는 것이다.

그러므로 자신의 인간관계 패턴이 어느 유형에 속하는지 한 번쯤 깊이 생각해보는 시간을 가질 필요가 있다. 그러고 나면 지금까지 이해하기 어렵고 견디기 힘들었던 상대방의 모습도 어느 정도는 이해가 가는 순간이 오기 마련이다. 그렇게 해서 서로 조금씩 조화를 찾아간다면 나의 인간관계도 그만큼 성장하고 발전하는 날이 올 것이다.

'나는 옳다'는
생각이
지나칠 때

———

우리는 누구나 자기중심적이다. 평소에는 아니라고 해도 위기
의 순간에서 그런 모습을 드러내지 않을 사람은 거의 없다고
해도 과언이 아니다. 나 자신도 마찬가지다. 우리가 인간관계에
서 실망하는 이유가 무엇인가. 평소에는 아닌 척하다가 위기의
순간이 닥쳤을 때 자기 입장만 생각하는 사람들을 볼 때 아닌
가. 그러나 세상에는 너무나 변덕스럽고 자기중심적이며 이기

적이어서 성격 장애를 의심할 수밖에 없는 사람들이 분명 있다.

세계적으로 가장 유명한 인물은 단연 스티브 잡스다. 그의 전기에서 예전 여자 친구 티나 레지(잡스가 아내 로렌과 결혼하기 전 주변에 레지가 예쁘냐, 로렌이 예쁘냐 하면서 난리를 피운 일이 있다)가 해놓은 평은 꽤나 신랄하다.

"스티브는 자기애성 인격장애가 있었던 것 같다. 그가 좀 더 친절하고 덜 자기중심적인 사람이 되길 바라는 것은 마치 장님이 눈 뜨기를 바라는 것이나 같다는 걸 알게 되었다. 문제는 공감인 것 같다. 그는 공감할 능력이 결여된 사람이다."

애플의 창업 동지인 스티브 워즈니악과 잡스의 전혀 다른 성격 유형에 대한 이야기도 흥미롭다. 워즈니악은 "난 누군가 내게 못된 짓을 한다 해도 맞서 싸우려 하지 않습니다. 그래도 그들에게 친절하고, 마음에서 우러나오는 사랑으로 대해야 한다고 생각해요"라는 말을 사심 없이 할 수 있는 사람이었다고 한다. 실제로 그 말을 실천했다. 그와는 반대로 잡스는 자기밖에 모르는 독불장군이자 자아도취 유형의 전형으로 잘 알려져 있다. 다만 누군가의 말처럼 그는 '너무도 눈부시게 뛰어난 인물인지라 규칙이란 게 적용되지 않는 케이스'일지도 모른다. 그렇긴 해도 잡스의 지나친 자기중심성으로 인해 상처를 받은 사람들이 적지 않았음을 그의 전기는 밝히고 있다.

도원 씨 역시 그런 면에서 잡스와 비슷한 유형이다. 그는 세상이 자기를 중심으로 돈다고 생각해서 어디서나 거침없이 자신의 의사를 표명했다. 문제는 그것이 대개는 자신이 돋보이고자 남들에게 교묘하게 상처를 주는 말이거나, 아니면 자기가 원하는 것을 곧바로 얻기 위한 이기적인 제스처일 때가 많다는 점이었다. 당연히 그로 인해 상처를 받는 사람들이 있었지만 그는 개의치 않았다. 어쩌면 자기의 행동에 대해 잘 몰랐을 수도 있다. 그 역시 애초에 남들에게 관심이 없는 데다 공감 능력 역시 부족했기 때문이다.

그는 자신의 잘난 점을 어필하는 것을 전혀 어색하게 여기지 않았다. 물론 요즘 같은 시대에 그것은 크나큰 장점이 될 수도 있었다. 실제로 처음 그를 본 사람들 중에는 그의 언변과 태도에 넘어가 굉장히 매력적인 남자로 여기는 사람들이 있었다. 그가 지닌 에너지와 자신감, 특히 묘하게 당당한 카리스마 등이 사람들을 사로잡았던 것이다. 물론 그와 같은 겉모습은 대부분 상대방을 자신이 원하는 대로 조종하기 위한 장치에 불과했다. 그리고 그의 카리스마 뒤에는 상대방을 자기 마음대로 좌지우지하려는 지배욕구가 감추어져 있었다.

물론 관계 초기에 그것을 파악할 수 있는 사람은 아주 소수에 불과했다. 대부분은 그의 매력에 넘어갔다. 하지만 조금만 시간이 흐르면 어느 순간 다들 그를 멀리했다. 피상적인 관계일 때는 매력을 느끼지만 속을 알고 나서도 그의 주변에 머물 사람은 없었기 때문이다. 그러면 그는 공격적인 언사를 구사하며 자신을 외면한 사람들을 욕했다.

이와 같은 유형은 대개 앞서 본 분노를 조절하지 못하는 유형과 짝을 이루는 경우가 많다. 자기에게 상처를 주거나 조언을 하는 사람에게는 거의 앙심을 품으면서 반면에 다른 사람의 상처에는 둔감한 채로 공격성을 보이는 것이다. 감정의 기복이 심해 정서적으로 불안정하다는 인상을 주는 것도 그들의 특징이다. 때로는 겉보기에 감정이 풍부한 것 같지만 자신의 고통에 대해서만 그러하고 남의 감정에 대한 이해나 배려는 거의 없는 경우도 많다.

사람은 누구나 자기 자신은 대개 옳은 법이라고 여기는 성향이 있지만 이런 유형은 특히 그 증상이 좀 더 심하다. 따라서 어떤 문제가 생겼을 때 자기가 생각하지 못하는 문제의 핵심 원인은 받아들이지 못하며, 설령 주변에서 알려준다고 해도 펄쩍 뛰며 반발하는 것이 고작이다. 그리고 자신에게는 아무런 잘못이 없는데 남들이 그런 자신을 몰라주고 괴롭힌다고 주장한다. 그러한 점을 지적이라도 하면 자기 합리화 내지는 주지화(감정으로부터 자신을 분리하고 이성적이고 지적인 분석을 통해 문제에 대처하는 방어기제)라는 벽으로 자신을 둘러싸는 경우도 많아서 그 벽을 뚫고 그에게 다가가기가 어렵다. 예를 들어 "당신은 정말 자기중심적이야" 하면 "아니, 인간치고 자기중심적이지 않은 사람이 어디 있어.『이기적 유전자』라는 책도 안 봤어?" 하는 식이다.

아이러니하게도 이런 자기중심적인 사람들은 인간관계에 대해 별로 고민하지 않는다. 자기중심성이 강할수록 자기애가 강한데, 정신의학자 카렌 호나이는 그런 상태를 일컬어 '자기우월 감(self glorification)'이라고 했다. 즉, 스스로 자기 주위에 환한 빛을 밝히려다 보니 그 빛으로 인해 상대를 아예 보지 못하는 일이 생겨나는 것이다.

도원 씨가 바로 그런 유형에 속했다. 결과적으로 그의 주변에는 마음을 나누고 친밀하게 지내는 사람들이 아무도 없었다. 정작 그는 그런 사실에 별로 신경 쓰지 않는 것처럼 보였지만 말이다. 그는 자신의 처지를 꿰뚫어 보느니(물론 그럴 수도 없었지만) 차라리 자신이 지나치게 잘나고 똑똑하다 보니 사람들이 질투를 느껴 멀리하는 것뿐이라고 여기는 쪽을 택했던 것이다. 그것은 결과적으로 힘든 사람은 당사자가 아니라, 그를 자주 봐야 하는 주변 사람들이 될 수밖에 없는 이유이기도 하다. 굳이 다행인 점을 찾자면 '그를 반면교사로 여겨 나를 좀 더 돌아보는 것 정도?'라고 하면 표현이 지나칠까? 아마 아닐 것이다.

나는 자기중심적인 사람들에게 나르시시즘의 순기능을 알라고 조언한다. 나르시시즘의 역기능이 '나만 옳다는 것'이라면, 순기능은 내가 나에게 옳듯이 '상대방에게도 그만의 생각과 가치관이 옳다는 것'을 받아들이는 일이다. 그리고 그럴 수 있다면 자신의 가치관이나 생각을 남에게 강요하지도 않는다.

또한 내가 싫어하는 사람의 모습이 바로 내 모습이라는 것을 알 필요가 있다. 자기중심적인 사람일수록 타인이 그와 같은 성향을 보이면 못 견디고 고쳐주려고 하는데, 결국 그에게서 나를 본 것이다. 그러니 주변에서 내가 싫어하는 사람을 보면 그가 나 자신이라고 생각해 보자. 더불어서 인간의 심리를 알려는 노력도 중요하다. 자기중심적이어도 자신의 마음을 탐색하려고 노력하는 사람들은 의외로 쉽게 치료자의 조언을 받아들이기 때문이다. 주변의 모든 사람이 내 곁을 떠나는 상처를 피하기 위해서는 누구에게나 예외 없이 최소한의 노력이 필요하다는 사실을 알았으면 한다.

마음
터놓을 사람이
없다면

———

서진 씨는 이별을 고민하기 시작했다. 자신이 어떤 이야기를 하고 어떤 행동을 하든 공감하고 응원하고 지지해 주기를 바라는 여자 친구가 부담스러웠기 때문이다. 하지만 서진 씨에게 그것은 애초에 불가능한 일이었다. 그는 이제까지 누구에게도 그런 식의 감정이입을 해본 적이 없었다. 더욱이 공감이라니. 그로서는 가당찮은 일이었다. 그는 어떤 경우에도 이성적이고 논리 정연한 기준으로 세상을 보려는 사람이었다. 문제가 생겼을 때도 냉정하고 합리적으로 해결하는 것을 원칙으로 했다. 사람들이 감정에 이끌려 문제에 집착하고 비탄에 젖고 화를 내는 것을 볼 때마다 그로서는 도무지 이해되지 않았다.

그는 특히 무턱대고 친밀함을 과시하는 유형을 가장 싫어했다. 앞뒤 분별없이 오지랖만 넓은 사람은 그에게 거의 경멸의 대상이었다. 물론 내색을 하지는 않았다. 겉으로는 그도 적당히 어울렸기에 그의 주변에는 사람이 많았다. 마음만 먹으면 그는 얼마든지 친절하고 너그러운 사람처럼 보일 수 있었기 때문이다. 하지만 그런 겉모습을 보일수록 그의 내면은 딱 그만큼 더 냉담해졌다.

서진 씨는 심리 검사에서 타인에 대한 친밀감이나 애정 표현, 동정심, 공감, 배려, 관용 등의 성향을 알아보는 척도가 매우 낮은 경우였다. 그러면서 한편으로는 독립적이고 자기중심적인 면도 굉장히 강해서 인간관계에서 친밀감이나 공감을 느끼는 경우는 거의 없었다. 그 자리를 대신하는 것은 언제나 이성적인 잣대와 논리정연함이었다. 덕분에 타인의 눈에는 윤리적이고 공평무사한 사람으로 비칠 때가 많았지만, 누군가가 그에게 조금이라도 친밀하게 다가가는 경우에는 곧 차가운 벽에 가로막히는 듯한 기분을 느낄 수밖에 없었다. 겉보기에는 아무 문제가 없는 것 같은데 도무지 진짜 속을 알 수 없는 사람이라는 느낌에 사로잡히고 마는 것이다.

대개 여자 친구와 이별을 고민할 때면 친한 친구에게 고민을 털어놓고 의견을 구하지만 대인관계 패턴이 냉담형에 가까운 서진 씨에게는 그 역시 불가능했다. 주변에 사람은 있지만 모두 피상적인 관계에 불과했기 때문이다. 애초에 그의 머릿속에는 누군가에게 조언을 구해야 한다는 생각조차 떠오르지 않았다. 사사로운 속마음을 털어놓는다는 것 자체가 있을 수 없는 일이었다.

결국 그런 유형과 관계 맺는 입장에서는 그와 일정하게 거리를 두고 지내야 한다. 내 쪽에서 그러고 싶지 않아도 상대방이 그것을 원한다는 사실을 인식하면 그렇게 할 수밖에 없는 것이다. 그러지 않으면 상대방의 무심함과 냉정함에 내 편에서 상처를 입을 확률이 매우 높기 때문이다.

언젠가 어린 시절의 상처로 인해 감정을 느끼지도 못하고 인간관계에서 거리를 두고 사는 사람과 상담을 한 적이 있었다. 나는 그에게 "참 마음이 아프다. 당신이 아마 지금까지 감정이라는 것을 느꼈다면 이처럼 견디지 못했을 것이다"라고 말해 주었다. 그러자 그는 갑자기 울음을 터뜨렸다. 그러고 나서 "그동안은 우는 사람을 이해하지 못했는데, 운다는 것이 이렇게 속시원한 일인 줄 처음 알았다"라고 털어놓았다.

이 같은 냉담형에게는 치료 과정에서 얼음을 서서히 녹이듯이 그로 하여금 자신의 감정을 스스로 느끼게 해주는 편이 좋다. 지나친 자부심과 우월감, 지배성향이 결국에는 심리적으로 아주 깊은 열등감과 불안감에서 나오는 것처럼 냉담형도 상담을 해보면 그 기저에는 자기가 버려질지도 모른다는 거부불안이 자리 잡고 있는 경우가 많다. 즉, 근본적인 불안감을 아예 얼음벽을 쳐서 보호하는 것이다.

만약 자신이 이런 사람이라면 사건으로만 기억하던 것들을 당시에 어떤 감정으로 느꼈었는지 구체화해 보는 경험이 중요하다. 그리고 그 감정이 0점부터 100점까지 중 몇 점에 해당하는지를 생각해 보고 그때 떠오른 기억과 생각들을 적어나가는 연습을 해야 한다. 그러다 보면 서서히 내면의 얼음이 녹아내리

는 경험을 하면서 인간관계에서도 따뜻한 봄날을 맞이할 수 있

게 될 것이다.

성실한
사람들이
쉽게 빠지는 함정

———

일본에는 "바람이 불면 통장수가 돈을 번다"라는 속담이 있다. 나비효과를 연상시키는 속담이다. 바람이 불면 흙먼지가 일어난다. 흙먼지가 일어나면 눈병에 걸리는 사람이 많아진다. 그런데 일본에서는 눈이 안 보이는 사람들이 샤미센(일본의 대표적인 현악기이며 3개의 현으로 되어 있다)을 켠다고 한다. 눈병에 걸려서 눈이 안 보이는 사람들은 샤미센 연주자로 나서게 되어 이번에는 샤미센의 수요가 늘어난다. 샤미센은 고양이 가죽으로 만들기 때문에 고양이 수가 줄어드는 것은 당연한 이치, 고양이 수가 줄어들면 늘어나는 것은 쥐들이다. 쥐는 통들을 갉아먹으므로 통 주인들은 새 통을 만들어야 하고, 결국 바람이 불면 돈을 버는 사람들은 통장수라는 것이다.

사소한 우연이 때로는 전혀 뜻밖의 결과를 가져오기도 한다는 것을 빗대어 표현한 말이다. 나아가서는 그와 같은 결과를 겸허히 받아들여야 한다는 의미도 담고 있다. 좀 더 철학적으로 말하자면 인생은 우연과 변수와 아이러니의 집적이기도 하다는 사실을 이해할 필요가 있다는 것이다.

그런데 이를 이해하기 어려워하는 사람들이 있다. '나는 반드시 ~해야만 한다'는 당위적 사고에 갇혀 있는 경우가 그렇다. 얼핏 듣기에는 그게 무슨 문제인가 싶을 수도 있지만 그런 생각을 갖고 있으면 적어도 다음과 같은 문제들이 생겨난다.

첫 번째는 예기치 못한 변수가 생겼을 때 적절하게 대처하기가 어렵다. 두 번째는 그렇게 만든 누군가를 원망하고 스스로를 벌주느라 생산적인 에너지를 낭비하는 경우가 생겨난다. 세 번째는 그런 생각을 남에게 강요함으로써 인간관계에 나쁜 결과를 초래할 수 있다.

    대기업 임원으로 승진한 지 얼마 되지 않은 승수 씨가 상담을 원했다. 표면적인 이유는 새로 모시게 된 상사와의 갈등이었다. 승수 씨는 이제까지 자신이 이룬 것에 대해서 자부심이 큰 사람이었다. 스스로 최선을 다해 인생에서 완벽을 기해왔기에 임원으로도 승진할 수 있었다고 믿었다. 물론 틀린 생각은 아니었다. 문제는 자신이 백 퍼센트 성실하다고 생각하는 사람들이 갖는 공격성과 분노가 그에게도 있었다는 점이다.

    그와 같은 사람들의 가장 큰 특징은 자신의 실수는 말할 것도 없고 남들의 실수도 그냥 보아 넘기지 못한다는 것이다. 동료나 부하직원은 물론이고 가족들에게도 가차 없이 행동할 때가 많다. 그런 유형의 인생 공식 중 하나는 자신은 매사에 지극히 성실하고 최선을 다하는 사람이므로 언제나 자기가 옳다고 생각하는 것이다. 그와 같은 잣대를 갖고 있는 이상 그들에게서 인간적인 매력을 기대하기는 어려운 노릇이다. 승수 씨 역시 마찬가지였다.

    그러던 중에 승진을 하고 새 상사를 모시면서 문제가 불거졌다. 상사 역시 승수 씨와 똑같은 유형이었다. 아니, 오히려 상사가 그보다 한 수 위였다. 상사는 승수 씨가 하는 일마다 못마땅해했다. 그가 실제로 일을 못해서가 아니었다. 그의 상사 역시 자신만이 이 세상에서 가장 성실하고 그런 자신이 전적으로 옳다는 사고에 갇혀 있었던 것이다. 그러다 보니 그 또한 마음에 드는 부하직원이라곤 없었고 승수 씨라고 예외가 아니었다.

난생처음 벽에 부딪혔다고 느낀 그는 어느 날, 실제로 주차장 벽을 차로 들이받는 사고를 내고 나서야 상담을 받기에 이르렀다.

맨 처음 상담을 시작하면서 심리검사를 한 결과, 그는 완벽주의에 유연성이라곤 찾아볼 수 없는 유형이란 사실이 밝혀졌다. 그는 펄쩍 뛰며 이해할 수 없다는 반응을 보였다. 자기가 얼마나 합리적이고 유연한 사람인데 그런 결과가 나올 수 있느냐는 것이었다. 그의 반응은 어찌 보면 당연했다. 자신이 성실하고 옳은 사람이라는 생각에는 스스로가 매우 합리적이고 관대하며 유연한 사람이라는 환상도 포함되기 때문이다. 어쩌면 그것은 그의 상사 역시 마찬가지일 수도 있었다. 그런 사람들끼리 붙었으니 결론이 나기가 어려웠던 것이다.

나는 그에게 이런저런 점을 모두 설명해 주고 무엇보다 유연성을 키우는 훈련을 할 것을 당부했다. 첫 번째로는 마음의 각도를 1인치만 늘려보라고 부탁했다. 유연성이 부족한 사람들의 또 다른 특징인 지나치게 꼼꼼하고 논리적인 면을 변화시키려면 세상을 보는 마음의 각도를 아주 약간이라도 틀어볼 필요가 있기 때문이었다.

영어에서 꼼꼼함을 의미하는 단어인 'meticulous'는 '두렵다'는 의미의 라틴어 '메티큘로수스(meticulosus)'에 그 어원을 두고 있다고 한다. 다른 말로 하면, 내가 지나치게 치밀하고 완벽주의를 지향한다는 것은 마음속에 그만큼 큰 두려움이 자리 잡고 있다는 뜻이다. 그 두려움을 없애기 위해서는 자신의 삶을 새로운 각도로 보는 용기가 필요하다. 단 1인치라도.

물론 승수 씨도 처음에는 크게 저항했다. 하지만 시간이 흐르면서 그는 자신의 문제를 인식하고 상사의 모습이 곧 자신의 모습이었다는 사실도 받아들였다. 그처럼 우리의 인생이 때때로 우연과 변수와 아이러니의 집적이기도 하다는 사실을 받아들일 수 있으면, 자신만이 가장 성실하므로 자신이 가장 옳다는 흑백논리에서도 벗어날 수 있다. 그뿐만 아니라 자신이나 타인의 실수에도 관대함을 발휘할 수 있다. 바람이 불면 통장수가 돈을 버는 일도 생긴다는 것을 알게 되는 것처럼 말이다.

상처받은 사람은 많은데
상처 준 사람은 없는 이유

나 자신보다
어려운 존재는
없다

생각보다 많은 사람들이 인간관계에서 자신만 상처를 받는다고 여기며 살아간다. 그런 심리의 밑바탕에는 일차적으로 나르시시즘이 깔려 있다.

'나는 선하고 착한 사람이다, 그런 내가 남들에게 피해를 주거나 상처를 입히는 행동을 할 리가 없다, 따라서 인간관계가 나빠진다는 건 상대방에게 잘못이 있다는 의미다, 내가 괴로운

Chapter 2

상처받은 사람은 많은데 상처 준 사람은 없는 이유

건 그들이 내게 상처를 주기 때문이다'와 같은 생각이 기본적으로 전제되어 있는 것이다.

어쩌면 이 이야기가 다소 가혹하게 들릴지도 모른다. 하지만 그런 나르시시즘을 기본적으로 지니고 있는 존재가 인간인 것을 어쩌랴. 그런 심리가 다소 병적으로 기울면 자기 연민에 빠져 나만 상처받고 나만 외롭고 나만 위로받지 못하고 나만 가엾은 존재라는 생각에 사로잡히게 된다. 반대로 자기혐오가 더 커지는 경우도 있다. 그때도 역시 나만 상처받고 나만 소외당하는 것 같은 피해의식에서 벗어나기 어려운 법이다.

유부남 상사와 사랑에 빠진 지안 씨는 참으로 혼란스러웠다. 이제 막 인생을 시작해야 하는 나이에 경험하게 된 잘못된 만남은 그녀를 황폐하게 만들었다. 그런 사랑에 빠지기 전까지만 해도 그와 비슷한 만남을 소재로 한 드라마나 소설, 영화 속 이야기는 다 남의 일이었다. 도대체 얼마나 어리석어야 저런 진부한 연애에 빠질까 하며 한심해하던 사람이 바로 그녀였다.

하지만 막상 그런 상황에 처하고 보니 이야기가 달랐다. 애달프고 비참하고 고통스러웠다. 견디다 못한 그녀는 남자에게 부인과 이혼하고 자신과 결혼하자는 말을 꺼냈다. 그때부터 상황은 급전직하로 달라졌다. 남자가 그녀를 피하는가 싶더니 아예 만남 자체를 거부하기에 이른 것이다. 이런 이야기의 결말이 늘 그러하듯이 말이다.

지안 씨는 남자에 대한 원망과 후회, 분노와 피해의식으로 복수심에 불타올랐다. 참담해진 그녀의 행동은 더욱 파괴적으로 변해갔다. 급기야는 두 사람 다 회사를 그만두어야 할 처지에 놓이게 되자, 보다 못한 친구의 도움으로 지안 씨는 마침내 상담을 받기에 이르렀다. 상담 초기에 지안 씨의 분노는 세상을 향한 적개심으로 이어졌다. 그녀는 세상 사람들을 두 부류로 나누었다. 불행한 나와 행복한 다른 사람들로. 그녀는 자기를 빼놓고는 이 세상 사람들이 다 행복한 것 같다고 말했다. 그리고 행복한 다른 사람들을 다 미워했다.

그녀를 보며 나는 기욤 뮈소가 책에 쓴 문장이 떠올랐다.

"이 세상에 행복해 보이는 사람들이 많은 건 그들이 다 지나가는 사람들이기 때문이다."

그러던 어느 날 그녀는 한 가지 흥미로운 경험을 하게 됐다. 남자에게 배신당하고 힘들어하는 회사 후배에게 자신이 이런 조언을 하고 있는 게 아닌가.

"어차피 떠날 사람이라 떠난 것뿐이야. 혼자 불행을 곱씹어 봤자 너만 손해야. 남녀가 헤어질 때는 쿨하게 떠나보내는 것이 최선이더라. 그렇지 않고 원망하고 복수하고 싶어 하면 결국에는 남는 건 피폐해진 자신밖에 없어. 그러니 너도 더 이상 시간 낭비하지 말고 이제 그만 잊어버려."

후배에게 씩씩한 조언을 하고 돌아선 뒤 지안 씨는 자신에게 많이 놀랐다. 그만큼 마음이 회복되어가고 있다는 뜻이겠지만, 그러면서도 다른 사람에게는 할 수 있는 합리적인 조언을 왜 자신에게는 하지 못했을까 하는 의문이 드는 건 어쩔 수 없었다. 그녀는 탄식하듯이 말을 이었다.

"제가 후배에게 해준 조언을 그때 저 자신에게 할 수 있었더라면 얼마나 좋았을까요? 그랬더라면 그토록 혹독한 시련을 피해갈 수 있었을 텐데요."

　그녀의 회한이 가슴 아프게 느껴지는 대목이었다. 살아가면서 한두 번씩 그런 회한에 사로잡히지 않을 사람이 얼마나 될까.『지금 알고 있는 걸 그때도 알았더라면』이라는 제목의 시집도 있는 것처럼 뒤늦은 후회와 탄식으로 겹겹의 층위를 이루면서 사는 것이 우리 인생인지도 모른다.

　왜 우리는 남에게 하듯이 자신에게는 조언을 할 수 없는 걸까? 우리가 다른 사람의 문제에 대해 조언할 수 있는 것은 그 사람의 문제는 삶에서 일어날 수 있는 일반적인 일이라고 생각하기 때문이다. 반면에 내 문제에 대해서는 객관적인 시선을 유지할 수 없다. 지안 씨의 경우가 가장 좋은 사례다. 그녀가 참지 못하고 자신에게 고통을 준 남자에게 꼭 복수하고 싶어 하는 이유는 그것이 일반적인 것이 아니라 '내게 일어났다는 특수성' 때문이다. 즉, 남의 인생에서는 일어나도 되지만 내 인생에서는 결코 일어나서는 안 되는 일이 일어난 것이다.

　인간은 누구나 지독하게 나르시시즘적인 존재다. 지금 이 순

Chapter 2
상처받은 사람은 많은데 상처 준 사람은 없는 이유

간의 나만큼 이 세상에서 중요한 사람은 없다. 호르헤 보르헤스가 「끝없이 두 갈래로 갈라지는 길들이 있는 정원」에서 표현한 저 유명한 문장, '수십, 수천 세기의 시간이 흘러가지만 사건이 일어나는 것은 현재뿐이다. 공기 중에, 땅에, 바다에 수많은 사람이 있지만 실제로 일어나는 일은 바로 나한테 일어난 일뿐이다'라는 말이 의미하는 바가 무엇인가? 보르헤스는 오로지 지금의 자신에게 집중할 수밖에 없는 인간의 모습을 묘사한 것이다.

따라서 남에게 하듯이 나에게 조언을 한다는 것 자체가 어불성설일지도 모른다. 그렇게 할 수 있는 방법이 하나 있다면 자신에게도 객관적인 시각을 갖도록 노력하는 것이다. 내게 일어나는 여러 가지 문제 역시 그냥 삶에서 일어날 수 있는 일이라고 받아들이려 애쓰는 것이다. 이때 '왜 하필 나한테?'라며 의미를 찾기 시작하면 골치 아파진다.

인생의 모든 문제는 일반적이면서 특수하다. 내게 생긴 문제는 사람이라면 누구든지 다 겪을 수 있는 문제라는 뜻이다. 정신의학자 융은 일반적인 문제를 일반적으로 볼 수 있을 때는 나의 콤플렉스가 영향을 미치지 않을 때라는 것을 입증해 보였다. 그는 언어 연상검사를 통해 사람들이 자기에게 특별한 의미를 가진 단어를 보면 거기에 대해 연상하는 것이 느려진다는 사실을 발견했다. 예를 들어, 내가 아버지와 관계가 좋았다고 하자. 그럼 나는 '아버지'라는 단어에 대해 좋은 이미지를 갖는다. 반대로 아버지와 관계가 좋지 않았다고 하자. 그럼 '아버지'라는 단어를 듣자마자 내 마음속에는 아버지에 대한 분노의 감정이 솟아오른다. 그럼 그것을 감추기 위해 아버지를 미화하거나 일반적인 아버지상에 대해 분노할 것이다.

다른 사람의 문제는 내 편에서 감정의 지배를 받지 않기 때문에 객관적으로 그 문제를 관찰하고 판단할 수 있다. 그러나 내 문제에는 감정이 작용한다. 나를 배신한 사람에 대한 분노, 내 마음의 상처로 인한 우울과 고통과 슬픔, 미래에도 똑같은 일이 생기지 않을까 하는 두려움과 공포 등의 감정이 우리 뇌에 일정한 작용을 일으키는 것이다.

"화가 나서 아무 생각도 할 수가 없어. 내가 어떻게 그 일을 잊을 수가 있겠어"라고 말하는 사람의 경우처럼, 생각과 감정이 공존하는 예는 얼마든지 있다. 최근의 뇌 연구에 따르면, 감정과 생각은 서로 도저히 떼어놓을 수 없는 불가분의 관계라는 사실이 밝혀지고 있다. 그것은 곧 생각이 감정에 영향을 주고 감정 역시 생각에 똑같이 영향을 준다는 것을 의미한다. 그리고 이 말은 내가 느끼는 감정이 크고 강할수록 생각 역시 똑같은 무게로 그 감정의 지배를 받을 수밖에 없다는 것을 뜻한다. 따라서 감정이 소용돌이칠 때는 아무런 결정을 내리지 않거나 적어도 일정한 시간 동안 그 결정을 뒤로 미뤄두는 것도 현명한 태도다.

바다에 파도가 거셀 때는 바닷속을 볼 수 없다. 잔잔할 때만 그 바닷속을 볼 수 있는 법이다. 인간의 마음도 마찬가지다. 내 마음속에 온갖 감정의 파도가 휘몰아칠 때 과연 내가 무엇을 원하는지, 어디로 가야 하는지를 알기는 어려운 법이다. 그리고 어떤 감정이든지 시간이 지나면 가라앉기 마련이다. 우리 마음을 보호하려는 정신기제가 작동하기 때문이다.

일은 이미 벌어졌는데 계속해서 되씹기만 한다면 그건 오로지 과거에만 고착되어 있다는 뜻이다. 하지만 내가 살아가야 하는 공간은 현실이다. 현실을 살아가기 위해서는 새로운 것에 마음을 열어야 한다. 과거에 대한 집착, 원망과 피해의식으로 가

84
85

득 찬 마음에는 새 것이 들어올 공간이 없다. 그 사실을 인정하고 현실을 받아들일 때 '그래, 처음부터 잘못된 상대임을 알고 만난 나에게도 책임은 있지' 하고 감정을 잘 털어낼 수 있는 것이다.

가까워지기
힘든 사람은
반드시 있다

———

은서 씨는 사람들과 쉽게 사귀지 못하는 문제로 고민이 많았다. 내성적이고 수줍은 성격 탓에 그녀가 먼저 상대방에게 다가가는 일은 생각하기 어려웠다. 유일하게 그녀가 마음을 터놓는 친구는 딱 한 사람 있었는데, 바로 고등학교 때 짝꿍이었다. 워낙 성격이 활달했던 그 친구는 1학년 때 짝이 되자마자 은서 씨에게 스스럼없이 다가왔다. 덕분에 은서 씨도 마음을 열고 친구가 될 수 있었다. 고등학교 3년 내내 은서 씨는 그 친구 하나면 족했다.

말수도 없고 소심한 은서 씨가 다른 친구를 사귀기는 어려웠다. 반 아이들 역시 그 친구 빼고는 아무도 그녀에게 특별한 관심을 기울이지 않았다. 가장 큰 이유는 존재감이라곤 없었기 때문이었지만 그건 사실 그녀가 의도한 것이었다. 주목의 대상이 되는 게 죽기보다 싫었기 때문이다. 은서 씨가 고등학교 시절 내내 바란 게 있다면 누구의 눈에도 띄지 않은 채 그림자처럼 지내는 것이었다. 거의 성공하기도 했다. 1학년 때 짝꿍 빼고는 아무도 그녀의 존재를 알아차리지 못했으니까.

대학에 진학한 다음에도 그녀의 성격은 바뀌지 않았다. 은서 씨는 내심 마음만 먹으면 원하는 사람 누구와도 친하게 지내는 친구가 몹시 부러울 때도 있었지만 막상 자신더러 그렇게 살라고 하면 할 수 없을 것 같았다. 언젠가 친구한테 그런 이야기를 털어놓은 적이 있다. 어떻게 넌 그처럼 에너지가 넘치고 모두와 친하게 지낼 수 있는지 정말 신기하다고 하자 친구가 말했다.

"난 사람들을 만나는 게 좋아. 그리고 내 맘에 드는 사람을 만나면 그걸 표현하고 싶어서 나도 모르게 다가가게 되더라고. 너하고도 그래서 친구가 됐잖아. 너 같은 새침데기는 누가 말을 걸어 주기 전에는 절대 먼저 아는 척 안 하거든. 내가 한눈에 그걸 척 알아봤잖아."

은서 씨는 성적도 좋고 스펙도 열심히 쌓은 덕에 대학을 졸업하고 좋은 회사에 취직했다. 완전히 새로운 사람들과 새로운 관계를 시작하는 만큼 이번에는 그녀도 좀 달라지고 싶었다. 자신감을 갖고 마음의 문을 열고 싶었던 것이다. 그러나 막상 행동으로 옮기려 하자 도무지 그 방법을 알 길이 없었다. 마음으로는 용기를 내보려고 했지만 행동으로 옮기려고 하자 몸이 먼저 얼어붙었다.

이런 은서 씨와는 달리 건우 씨는 잘 모르는 사람과도 금방 친해지는 유형이었다. 하지만 대부분의 경우 친밀하게 마음을 터놓는 사이가 되진 못했다. 그저 피상적인 인간관계에 머무르는 것이 고작이었다. 그는 여러 사람들과 함께 어울릴 때는 매우 활발하고 떠들썩했다. 재미있는 이야기를 알아두었다가 적재적소에 활용하는 재주도 뛰어났다. 덕분에 그가 있으면 모임이 활기차고 즐거웠다. 그러나 그건 여러 사람들과 함께 어울릴 때뿐이었다. 막상 누구하고든 둘만 남겨지면 상황이 달라졌다. 갑자기 생각만큼 서로를 잘 알지 못한다는 사실을 깨닫고 엉거주춤하는 사이 분위기가 어색해지곤 했던 것이다.

그는 인간관계는 무엇보다 재미있어야 한다는 생각을 갖고 있었다. 그래서 끊임없이 자기가 만나는 사람을 즐겁게 해주기 위한 소재를 찾아다녔다. 그가 재미있는 이야기로 좌중을 웃길 때마다 사람들은 환호를 보내며 좋아했다. 그 순간만큼은 사람들에게 제대로 인정을 받는 것 같아 건우 씨 역시 기분이 들뜨곤 했다. 좋은 대학을 나오고 남들이 부러워하는 직장에도 다니고 있었지만 늘 자기보다 잘사는 사람들을 만나면 주눅이 들었기 때문이다.

인간관계에서 건우 씨는 모두에게 괜찮은 사람이라는 인정을 받기 위해 분투했지만 그 속에 진심은 담겨 있지 않았다. 그 자신도 늦은 밤 잠자리에서 지나치게 남들 비위를 맞추고자 애썼던 자신의 행동이 불쑥 떠오를 때마다 자괴감에 우울해지곤 했다. 결국 시간이 흐르면서 그런 사실을 알아차리는 사람들이 생겨났고 일정한 선 이상은 그에게 다가오려 하지 않았다. 건우 씨는 그렇게 누구와도 원하는 만큼 친밀한 관계로 발전할 수 없었다.

이 두 사람처럼 인간관계에서 친밀함을 겁내는 사람들은 생각보다 많다. 그리고 그들에게 물어보면 대부분 그럴 만한 다양한 이유들이 있다. 그러나 대개는 다음의 몇 가지로 압축된다.

첫째는 친밀함을 표현하고 마음을 나누는 일에 대해 배운 바가 없기 때문이다. 그것은 일정한 규칙이 있어서 교과서적으로 배울 수 있는 일이 아니다. 성장 과정에서 주변의 사람들을 보고 정서적으로 습득하는 경우가 훨씬 많다. 그런데 그런 습득과정이 자연스럽지 못하면 아무래도 문제가 되는 것이다.

둘째는 기질적으로 어색함을 느끼기 때문이다. 앞서 예를 든 은서 씨가 이 범주에 든다. 그녀처럼 내성적이고 수줍음이 많거나 때때로 무뚝뚝하고 불친절한 경우라면 상대방에게 먼저 다가가는 건 거의 상상도 할 수 없다. 그들에게 대인관계만큼 어려운 문제도 없기에 시도도 해보기 전에 도저히 그런 걸 못하는 사람으로 스스로를 단정하는 것이다.

셋째는 거부에 대한 두려움 때문이다. 이건 친밀한 관계를 겁내는 모든 사람들에게 해당한다. 은서 씨가 그림자처럼 살아가고자 하는 것도, 건우 씨가 모두를 즐겁게 하며 인정받고자 애쓰는 것도 사실은 거부당할지도 모른다는 심리에서 기인한다. 내가 정말 어렵게 친밀함을 표현하고 다가갔는데 상대방이 그것을 받아주지 않을지도 모른다는 두려움이 문제의 근원인 것이다. 그런데 흥미로운 사실은 그와 같은 두려움이 없는 사람 또한 없다는 점이다. 다만 적극적으로 그것을 극복하고자 용기를 내느냐 아니냐의 차이가 있을 뿐이다.

사람들이 서로에게 호감을 느끼는 데는 여러 가지 변수가 작용한다. 그래도 어떤 상황에서든 절대 변치 않는 규칙이 하나 있다면 내게 먼저 마음을 열고 다가오는 사람을 싫어하는 경우는 거의 없다는 사실이다.

영화 「바그다드 카페」를 보면 그런 장면이 아주 실감나게 묘사되어 있다. 간간이 화물트럭들이나 쉬었다 가는 황량한 사막 카페에 어느 날 한 독일인 여행객이 불쑥 나타난다. 카페 여주인은 뚱뚱하고 매력적이지도 않은 데다 외국인 억양을 쓰는 이상한 여자에게 관심을 기울일 만큼 한가한 처지가 아니다. 하지만 여행객은 방 청소를 자청하고 나서는 것을 시작으로 주인 여자와 아들, 또 다른 장기 투숙객에게까지 고루 마음을 쓴다. 이윽고 줄곧 밀어내기만 하던 주인 여자가 마음을 바꾸기에 이르면서 영화는 감동적인 마무리를 향해간다.

영화는 인간관계의 불변의 법칙에 대해 다시 한번 차분히 생각하게 한다. 누군가와 친밀하게 마음을 주고받으며 함께 지내고 싶거든 먼저 마음을 열고 다가가되, 끝까지 포기하지 말아야 한다는 중요한 사실을 일깨워준 것이다.

그럼에도 불구하고 인간관계에서 변하지 않는 또 하나의 법칙이 있다면, 아무리 해도 서로 가까워지기 어려운 사람은 반드시 있다는 것이다.

세상을 구성하는 데는 모든 종류의 인간이 필요하다. 그러다 보니 어떻게 해도 나와 결이 맞지 않는 사람이 꼭 있기 마련이다. 무라카미 하루키의 어떤 단편에 보면 다음과 같은 문장이 나온다.

"그런 일은 누구나 있잖아요? 일생에 한 번쯤은 이유 없이 누군가가 싫어지는 일 말예요. 난 그런 사람이 아니라고 생각했는데,

그래도 역시 그런 상대가 있더군요. 그런데 문제는 대개의 경우 상대방도 이쪽과 비슷한 감정을 갖고 있다는 것이죠."

그의 말대로다. 내가 상대방과 맞지 않는다고 여기면 그쪽도 그 사실을 알아차리고 나를 밀어낼 준비를 한다. 그런 경우에는 굳이 애쓰지 말고 상대방과 거리를 유지하는 것이 좋다. 혹시라도 그런 상황을 일반화해서 '난 왜 사람들에게 거부당하는 걸까' 하고 안타까워할 필요는 없다.

그 대신 마음을 터놓고 함께 지내고 싶은 상대를 발견했을 때는 그 관계를 유지하고자 애써야 한다. 처음에는 어색하고 겁도 나는 게 사실이다. 하지만 알고 보면 그건 친밀함을 표현하는 문제 앞에서 거의 모든 사람들이 똑같이 느끼는 감정이다. 그리고 내가 마음에 둔 그들 역시 상대방이 먼저 손 내밀어주기를 바란다. 누군가에게 호감을 느껴 친밀감을 표현하고 싶을 때는 가장 먼저 그 점을 떠올리기 바란다. 그래서 서로 마음을 나누게 되었다면 어느 작가의 다음과 같은 말을 기억에 새기는 것이 어떨까?

"결국은 소중한 사람의 손을 찾아 그 손을 꼭 잡고 있기 위해서,

오직 그러기 위해서 우린 이 싱겁게 흘러가는 시간을 그럭저럭

살고 있어요. 그렇지 않은가요?"

세상에
상처받았다고
심각할 필요 없다

_____

늘 주위 사람들에 대한 분노와 피해의식으로 가득 찬 남자가 있었다. 연우 씨는 사람들로부터 매우 자주 그리고 쉽게 상처를 받곤 했다. 그는 사람들에게 나름대로 최선을 다한다고 생각했다. 누구에게나 가능한 한 예의 바르게 행동했으며 상대방의 의견을 존중하려 애썼고 적절하게 배려할 줄도 알았다.

하지만 정작 자신은 사람들한테서 그런 대우를 받지 못했다.

적어도 자기가 원하는 만큼은 아니었다. 아니, 오히려 무시당하고 배척당하는 때가 더 많았다. 사람들은 예의 바르지도 않았고 그를 존중해 주지도 않았으며 배려 같은 건 차마 기대할 수도 없었다.

그런 사람들 가운데서 자기 혼자만 상처받고 괴로워하는 것 같아 그는 더욱 외롭고 힘들어졌다. 자신에게 상처를 입히고도 아무렇지 않게 웃고 떠드는 사람들을 볼 때마다 그는 피해의식과 분노에 사로잡혔다. 그런가 하면 나는 어째서 이토록 인간관계에서 무능하게 당하기만 할까 하는 자기비하의 감정도 그를 괴롭혔다. 자신을 무시하고 상처 입히는 인간들한테 어째서 제대로 대응하지 못하는지 정말 스스로가 한심하고 바보처럼 느껴질 때가 많았다. 그러면서 마지막에는 '난 왜 이 정도밖에 안 되는 인간인가' 하는 한탄이 이어졌다.

언젠가 한번은 진료실 의자에 앉기 전 꼭 내 얼굴을 몇 초간 뚫어지게 쳐다보던 연우 씨에게 그 이유를 물었다. 그러자 그가 되물었다.

"선생님도 제 시선이 불편하고 부담스러우신가요?"

나는 누구라도 당연히 그렇지 않겠느냐고 대답했다. 그러자 그는 이어서 말했다.

"다른 사람들도 그런 제 시선이 불편하다고 얘기하더군요. 하지만 저로서도 어쩔 수 없는 버릇이에요. 그동안 인간관계에서 하도 일방적으로 상처를 입다 보니 그렇게 된 거 같아요. 상대방이 어떤 사람인지, 날 속이고 있는지, 이중적인 면은 없는지 하는 것들을 알고 싶은 것이죠."

그래서 원하는 만큼 상대방이 간파되더냐고 묻자 그는 고개를 떨어뜨렸다. 결코 그렇지 않다는 걸 알지만 그 버릇이 잘 고쳐지지 않는다는 것이었다. 그만큼 피해의식이 깊다는 의미였다. 나는 그에게 "한두 번 보고 상대방의 모습을 다 알 순 없어요. 나하고 이렇게 깊은 이야기를 하면서도 알아가는 데 오랜 시간이 걸렸잖습니까?" 하고 답해 주었다. 한두 번 만나고 상대방에 대해 다 알려고 하는 것 역시 절대 속지 않겠다는 피해의식일 뿐이라고 말이다.

이서 씨 역시 인간관계에서 왜 자신만 상처를 받아야 하는지 모르겠다고 호소하는 사람들 가운데 하나였다. 몇 명 되지도 않은 친구들은 어쩌다 만나도 각자 자기 이야기에만 몰두했다. 혹시라도 힘든 심정을 털어놓을라치면 잠깐 안됐다는 반응을 보이는 것이 고작이었다. 반면에 자기들이 힘든 일이 있을 때 그런 반응을 보였다가는 서운하다느니 배신감을 느낀다느니 하며 호들갑을 떨었다. 적어도 친구라면 그래선 안 되는 게 아닐까 싶어서 모임에도 나가고 싶지 않았다.

가족들도 데면데면하기는 마찬가지였다. 오히려 가족이라는 이름으로 서로에게 상처를 입힐 때가 더 많았다. 출가한 두 언니들은 연로한 부모가 경제력이 없는데도 시시때때로 친정에 손을 벌렸다. 그때마다 피해를 보는 것은 그녀였다. 직장 생활 10년차에 적금통장 하나 없는 것은 아마 자신뿐일 터였다.

그녀가 보기에 자신을 제외한 다른 사람들은 다 하고 싶은 대로 하면서 잘만 사는 것만 같았다. 이 세상에서 상처받고 괴로워하는 사람은 자기뿐인 듯했다. 그런 생각이 깊어질수록 외로움과 소외감, 피해의식만 커져갔다. 인간관계도 점점 나빠졌다. 피해의식으로 가득 차 작은 일에도 발끈하는 그녀를 사람들은 차츰 멀리했던 것이다. 그런 자신의 상태를 알지 못했던 이서 씨는 왜 나만 상처받아야 하는지 모르겠다며 가슴만 치고 있었다.

　우리가 자신만 더 상처받는다고 여기는 이면에는 상대방에 대한 높은 기대치도 한몫한다. 적어도 내가 아는 상대방은 나한테 이 정도는 해줘야 하는 사람이라는 기대치가 문제인 것이다. 하지만 직장에서는 물론 가정에서조차 그런 기대치가 채워지는 일은 거의 없다. 상대방은 내가 아니다. 따라서 그가 내 욕구와 기대치를 알아서 헤아리고 그것을 채워주는 일 같은 것은 처음부터 일어날 수가 없는 것이다. 물론 그가 날 조금만 이해하고 배려하는 마음이 있다면 당연히 그래야 하는 것 아니냐는 반론이 있을 수 있다. 그리고 그렇게 해주는 사람들도 있을 것이다.

　하지만 어떤 경우에도 내가 원하는 순간에 내가 원하는 만큼 내 욕구를 헤아리고 내 기대치를 채워줄 사람은 없다. 그러기에 인간은 대단히 자기중심적인 존재다. 상대방의 욕구보다는 내 욕구가 더 먼저고 더 중요한 것이다. 그나마 우리 인간의 뇌 속에 태생적으로 공감 신경세포가 있기에 이 정도라도 서로 공감하고 배려하는 마음을 갖는다고 생각하는 것이 좋다.

　우리 모두 알고 있듯이, 인간관계란 결코 일방적으로 이루어지는 것이 아니다. 말 그대로 서로 소통을 주고받는 것이 모든 인간관계의 전제 조건이다. 그렇다면 거기에는 나름의 법칙이 있기 마련이다. 한꺼번에 너무 많은 것을 요구한다든가 하면 당연히 상대방에게 부담을 준다. 우리가 음식을 먹을 때도 처음에는 애피타이저 같은 부드러운 음식을 먹고 나중에 메인 요리를 먹지 않던가. 인간관계에도 그런 과정과 시간이 필요하다.

　살아가는 동안 때때로 인간관계에서 소외감을 느끼고 상처를 받고 더러는 죽을 것처럼 괴로운 순간을 겪지 않는 사람이 과연 얼마나 될까? 아마 한 사람도 없을 것이다. 그러므로 그것이 나만의 문제라고 너무 깊이 생각하지는 말자. 누구라도 겪는 문제라고 생각하면 화도 덜 나고 괴로움도 덜하다. 그리고 사소한 갈등 때문에 내 인간관계 전체를 폄하하지도 말자.

　오랫동안 분노와 피해의식을 키우면 안 되는 이유 중 하나는 그와 같은 감정을 소모하느라 소중한 에너지를 낭비하게 되기 때문이다. 누구도 화가 난 상태에서는 창의적인 아이디어가 떠오르기를 기대할 수 없다. 내가 나를 욕하고 있는 경우에는 말할 것도 없다. 그런 것들이 심해지면 노이로제 상태가 되어 결국 삶 자체가 피폐해질 수도 있다.

그러므로 창의적이고 생산적인 삶을 살고 싶다면 나와 상대방에 대해 지나친 기대치는 갖지 않는 것이 좋다. 그러면 자기비하와 실망감에 빠질 일도 없기 때문이다. 또한 남의 시선이나 평가에 일희일비하지 않는 노력이 필요하다. 나만의 자긍심을 가질 필요가 있는 것이다.

"우리가 마음먹은 대로 현실을 자유로이 만들어갈 수 있는 상황과 변화 불가능한 현실을 평온한 마음으로 받아들여야 할 상황을 올바르게 구분하는 것이 지혜다."

세네카의 말이다. 그런 지혜를 갖도록 노력할 때 나만 상처받는다는 피해의식에서도 벗어날 수 있지 않을까.

살다 보면
오해받는 일도, 오해하는 일도
생긴다

———

우린 흔히 진실과 팩트를 혼동한다. 대개는 그 둘이 같은 거라고 생각한다. 예를 들어 어떤 일을 두고 흑과 백으로 시선이 나뉘는 경우가 있다. 이때 진짜 팩트는 무엇인가? 아마 하얀 것도 검은 것도 다 팩트에 속한다고 할 수 있을 것이다. 나는 내가 경험한 사실을 사실로 주장할 권리와 의무가 있기 때문이다. 그러나 둘 사이에 어떤 오해가 있는 것 또한 분명하다. 하얀색과 검은색은 누가 봐도 확연히 구분되는 색깔이다. 그런데 한쪽은 하얗다고 하고 한쪽은 검다고 한다면 어느 쪽인가는 상황을 잘못 인식하고 있다는 뜻이다.

더 나쁜 것은 누군가가 악의를 가지고 하얀 것을 검다고 주장할 수도 있다는 점이다. 하지만 그건 분명 진실과는 거리가 멀다. 그런 경우 진실과 팩트는 하늘과 땅만큼이나 차이가 있다. 그런데도 진실은 아무리 주장해도 상대방이 믿지 않으면 공허한 울림이 되는 경우가 너무나 많다. 의도를 가진 사람이 자신은 그 자리에 있었으며 자신의 말이 팩트라고 주장하면 대부분의 사람들은 그 말을 믿게 된다. 결국 그것을 견디지 못하고 상처받는 쪽은 언제나 진실을 주장하는 사람뿐이다. 안타깝게도 그것이 현실이다. 그리고 그런 일은 지금 이 순간에도 수많은 인간관계 사이에서 벌어지고 있다.

지호 씨도 최근에 비슷한 일을 당하면서 큰 낭패를 경험했다. 그 일의 한가운데에 있을 때 그는 마치 옴짝달싹할 수 없는 덫에 걸린 느낌이었다고 했다. 동료와의 작은 말싸움이 발단이었다. 두 사람 사이의 사소한 언쟁은 꽤 큰 다툼으로 둔갑해 있었고 진실 역시 지호 씨 쪽에 불리하도록 각색되어 있었다. 터무니없고 기가 막혔지만 일단은 참았다. 적어도 동료들이 일방적으로 자신을 오해하진 않으리라고 믿었기 때문이다.

하지만 결국 오해를 풀기 위해 자초지종을 털어놓지 않으면 안 되는 상황이 이어졌다. 팀장이 문제의 동료가 겨우 그런 일을 가지고 일을 확대시켰을 리 없다며 그의 편을 들고 나온 것이다. 그러면서 오히려 지호 씨가 진실을 왜곡하고 있는 것 같다고 말했다. 그러지 말고 먼저 사과를 해서 빨리 이 문제를 마무리하라는 것이 팀장의 지시였다.

아무리 그건 오해고 사실은 이러저러하다고 항변해도 소용없었다. 한번 왜곡되어 퍼져나간 소문을 되돌리는 데 진실은 아무런 의미도 없고 도움도 되지 않는다는 것을 다시 한번 절감하는 순간이었다.

아마도 지호 씨의 사례를 보면서 자신도 비슷한 경험을 한 적이 있다고 생각하는 사람들이 많을 것이다. 이런 사례가 많다는 것은 무슨 뜻일까? 결국 진실과 팩트는 다르며 그 사이에서 얼마든지 오해가 생길 수 있다는 것을 의미한다. 그로 인해 상처를 주고받는 일이 그만큼 흔하다는 뜻도 된다. 절대로 있어서는 안 될 일이 벌어진 게 아니라 충분히 있을 수도 있는 일이 일어난 셈이다. 그러니 어쩌다가 오해를 겪고 상처를 입더라도 지나치게 좌절할 필요는 없지 않을까 싶다.

"그래, 너한테는 하얀색이 검게 보인다면 그게 너의 팩트겠지. 하지만 나한테 하얀색이 진실인 걸 어쩌랴. 너는 너의 길을, 나는 나의 길을 가는 수밖에" 하고 초연해질 수 있다면 얼마나 좋을까. 하지만 그것까지는 바랄 수 없는 일. 다만 일어난 일을 있는 그대로 받아들이고 덜 분노하려는 노력을 기울여볼 수는 있지 않을까? 그렇게만 할 수 있어도 상처와 좌절을 어느 정도 줄일 수 있을 것이다.

실제로 인생에서 벌어지는 모든 일들은 그 상황을 내가 어떻게 받아들이느냐에 따라 달라진다. 우리의 감각은 우리가 의식하든 의식하지 않든 죽는 날까지 작동한다. 그러면서 우리의 생각과 행동, 감정에 영향을 미치고 그 생각과 행동, 감정은 우리의 감각에 영향을 미친다.

최근 뇌 과학자들이 그것을 입증했다. 사랑을 하면 눈이 멀고, 화가 나면 실제로 눈에 보이는 것이 없어진다는 사실을 알아낸 것이다. 그것은 곧 아무리 좋은 평판을 듣는 사람을 만나더라도 그때 내 기분이 안 좋으면 그가 좋게 보이지 않을 수도 있다는 걸 뜻한다. 그런 경우에는 내가 그에 관해 받아들인 팩트가 진실이 아닐 수도 있는 것이다. 그런데 내가 어디 가서 그에 대해서 여과 없이 이야기를 한다면 그의 좋은 평판에는 금이 가고 나는 진실을 왜곡하는 나쁜 사람이 될 수도 있다.

그렇게 생각하면 남들이 나에 대해서 무례를 저지른다고 해서 꼭 화를 낼 일만은 아니라는 등식이 성립한다. 살다 보면 내가 상대방을 오해할 수도 있고 또 그 반대의 경우도 생기기 마련이다. 나는 A의 태도가 마음에 들어서 그를 칭찬했지만 그 자리에 있던 다른 사람은 내가 A에게 아부를 한다고 여길 수도 있는 것처럼 말이다. 요컨대, 인간관계에서 꼭 마음에 새겨둬야 할 원칙이란 내가 기억하고 있는 것들이 꼭 진실이고 팩트가 아닐 수도 있다는 것이다.

『매혹』이란 소설을 쓴 작가 크리스토퍼 프리스트는 '사람은 현재의 자기 이미지에 맞춰 기억을 재배열할 뿐, 과거를 정확하게 설명하기 위해 그러진 않는다'고 주장한다. 우리는 타인을 만날 때 상대방을 기쁘게 하거나 상대방에게 영향력을 끼칠 수 있는 자신의 이미지를 어떤 식으로든 투영하기 때문이다.

프리스트의 이야기처럼 상대방을 기쁘게 하거나 상대방에게 영향력을 끼칠 수 있는 자신의 이미지를 투영하고자 진실이 아닌 것을 팩트라고 주장하는 것에는 악의가 깃들어 있지 않다.

진짜 문제는 악의를 가지고 진실이 아닌 것을 팩트라고 주장할 때다. 그런 경우에는 우리 모두 진실을 찾는 일을 게을리하지 말아야 할 것이다.

미국 작가 필립 로스가 말했듯이 누군가의 악의적인 거짓말은 '정말 경멸스러운 방식으로 다른 사람을 값싸게 통제하려는 짓'이기 때문이다. 물론 말처럼 쉽진 않겠지만 나의 진실과 상대방의 팩트가 다를 수도 있다는 것에 관대해지기로 노력하는 것처럼, 상대방이 아예 거짓을 주장할 때는 끝까지 진실을 밝히기 위해 노력은 해봐야 하는 것이다. 그렇지 못할 경우, 그것은 진실을 외면하는 것을 넘어서 내 인생의 주도권을 타인에게 넘겨 주는 것이 될 테니까.

"진심이었어"라는
말의
비밀

우리가 "나는 진심이었어"라는 말을 쓸 때가 언제인지 생각해
보자. 대개 상대방에게 상처를 주었을 때다.

"나는 진심으로 너한테 이런저런 말을 하고 행동을 한 건데
네가 내 진심을 오해해서 상처를 받은 거야"라고 말할 때 외에
는 그 말을 쓸 일이 많지 않다.

물론 자신은 진심으로 그렇게 한 것이었을 수 있다. 하지만

상대방이 어떤 식으로든 그로 인해 상처를 받았다면 내 진심을 계속 주장하는 것은 의미가 없다. 어찌 보면 "난 진심이었어"란 말을 덜 쓸수록 인간관계를 잘해나가는 거라는 공식이 성립한다고 해도 맞는 말이다.

그런데도 나를 포함해 많은 사람들이 때때로 '진심이었어'라는 말을 버리지 못하는 건 왜일까?

그건 우리의 무의식과 관계가 있다. 우린 누구나 인간관계에서 상대방에게 영향력을 끼치거나 상대방을 기쁘게 해서 내가 괜찮은 사람이라고 인정받고 싶은 욕망을 갖고 있다. 그러다 보니 어떤 식으로든 자신의 진짜 모습이 상대방의 눈에 띄지 않기를 바란다. 누구도 진정한 자신의 모습을 꿰뚫어볼 수 없을뿐더러 설령 그럴 수 있다 해도 그 모습을 환영할 만큼 완전한 인간은 없기 때문이다.

우린 스스로 잘 알고 있다. 지혜로운가 하면 어리석고 부지런한가 하면 게으르며 자비로운가 하면 인색하고 진실한가 하면 거짓투성이인 모습이 곧 '나'라는 한 인간을 이루고 있다는 사실을. 그리고 우린 거의 본능적으로 어리석고 게으르며 인색하고 거짓투성이인 나를 남들에게 들키고 싶어 하지 않는다. 그런 욕구가 병적으로 심해지면 문제를 일으킨다. 마음에 들지 않는 내 모습에 과도하게 집착해서 에너지를 낭비하게 되는 것이다. 정신과에서는 그런 경우를 노이로제라고 진단한다.

노이로제란 자신이 갖고 있는 정신적 에너지를 창의적이고 생산적으로 사용하지 못하고 불필요하게 낭비하는 상태를 말한다. 노이로제 상태가 되면 자신도 모르게 남들에게 진짜 내 모습은 감추고서 보여주고 싶은 면만을 드러낸다. 그때 따르는 불안감과 죄책감을 해소하고자 솔직함이나 진심 운운하는 말을 더 많이 하게 되는 것이다. 노이로제까지는 아니더라도 우린 누구나 약간의 위선과 이중성을 가지고 살아간다. 그리고 그 사실마저 상대방에게 들키고 싶어 하지 않는다. 그러다 보니 자신도 모르게 더욱더 솔직함과 진심을 가장하는 것인지도 모른다.

아현 씨는 석 달 남짓의 짧은 만남 끝에 사귀던 남자와 헤어졌다. 문제는 주변 반응이었다. "그렇게 장난 아닌 스펙을 가진 남자를 찼다고? 네가 먼저? 그쪽에선 널 잡았는데도? 너 미친 거 아니니?"라고 친구들은 입을 모았다. '장난 아닌 스펙'이란 말이 틀린 건 아니었다. 일반적인 기준으로 봤을 때 그는 썩 괜찮은 사람이었다. 말 그대로 스펙도 훌륭했고 외모도 뛰어났다. 옷도 잘 입었다. 아니, 그 이상이었다. 물론 그런 점 역시 여자의 마음을 어딘지 불편하게 하는 데가 있었지만.

진짜 마음에 안 드는 것은 그의 말투였다. 그는 어떤 이야기든 시작하기 전에 반드시 "솔직히 말해서"라고 말하는 버릇이 있었다. 이야기를 해나가는 도중에도 그 말을 마치 무슨 접두사처럼 몇 번이고 되풀이해서 사용하곤 했다. 그가 자주 쓰는 말 중에는 "내가 진심으로 말하는데" 하는 것도 있었다.

계속해서 "솔직히 말해서"와 "진심으로 말하는데"라는 식의 말투를 듣다 보면 어떤 생각이 들까? 어느 것도 솔직하게 진심으로 와닿지는 않았노라고 여자는 말했다. 하긴 상식적으로 생각해도 진짜 솔직하고 진심 어린 사람이 그런 말투를 입에 달고 살 리는 없다. 실제로 솔직하지 못한 구석이 있거나 진심 대신 사심이 더 많은 사람이라면 모를까. 그렇다 보니 자신을 방어하기 위해 무의식적으로 그런 말투를 쓰게 됐을 가능성이 높았다. 아현 씨는 그런 사실을 간파하게 된 것뿐이고.

게다가 그에게는 또 다른 나쁜 버릇이 있었는데, 자기보다 처지가 못해 보이는 사람들에게 지나치게 말을 함부로 한다는 점이었다. 그 모습을 보고 있으면 성품이 의심스러울 정도였다. 이래저래 남자와 만나는 것이 아현 씨에게는 무척 괴로운 일이 되고 말았다.

이별 통고를 받고 나서 남자는 강하게 주장했다. "솔직히 말해서 그동안 네가 날 갖고 논 것이 아닌지 의심스럽다. 그게 아니라면 진심으로 말하는데 난 너와 이대로 헤어질 순 없다"라고. 그 말끝에 그는 식당 종업원을 큰 소리로 불러 냉수를 청했다. 종업원이 냉수를 가져오자 이번에는 빨리 가져오지 않았다며 있는 대로 신경질을 부림으로써 만남의 끝을 그답게 마무리했다.

하지만 그 후 아현 씨는 '정말 괜찮은 남자를 차버린 한심한 여자'로 낙인 찍혀서 한동안 마음고생을 해야 했다고 털어놓았다. 누구한테도 남자에게서 느낀 실망감을 제대로 설명하기가 어려웠기 때문이다. 말투가 조금 이상하고 상스럽다고 해서 그런 스펙을 가진 남자를 차버린다는 걸 가족들마저 이해하지 못했다. 하지만 그녀는 바로 그 말투로 인해 오히려 남자에게 신뢰를 가질 수 없었다. 이건 아현 씨만이 겪는 특별한 경우가 아니다. '솔직하다'거나 '진심' 같은 단어는 남발할수록 빛이 바래는 법이다.

어느 누구도
다른 사람보다
낮지 않다

———

사람들은 누구나 이중적인 모습을 갖고 있다. 때때로 자신이 못
나고 부정적인 만큼 한편으로는 올바르고 착하고 정직한 사람
이란 생각을 가지고 세상을 살아가는 것이다. 가끔은 적당히 타
협할 때도 없진 않다. 하지만 사람들은 누구나 이렇게 생각한다.
'이래 봬도 내가 근본은 바른 사람이다. 가끔은 성질을 부리기도
하고 참을성도 없고 삐칠 때도 있다. 하지만 그래도 난 분명 본

성은 착한 사람이다. 물론 때때로 거짓말을 하고 위선을 떨 때가 없진 않다. 하지만 이 세상에 그만큼도 안 하는 사람이 어디 있단 말인가. 그러니 적어도 나 정도면 대단히 정직한 축에 든다고 봐야 한다.'

이와 관련해 미국에서는 한 가지 실험을 한 적이 있다. 사람들에게 "천국에 간다면, 과연 누가 가장 먼저 갈 수 있을까?"라는 여론조사를 실시한 것이다. 대답은 이랬다. 테레사 수녀가 3위, 오프라 윈프리가 2위, 그리고 1위는 당연히 '나'였다. 조사에 응한 사람들 중 무려 87퍼센트가 그렇게 대답했다. 그 이유는 물론 "내가 가장 착하니까"였다.

사람 마음이란 그런 것이다. 하긴 그런 정도의 자기 확신마저 없다면 우리가 어찌 이 험한 세상을 이만큼이나 제대로 살아갈 수 있겠는가.

마흔이 된 준성 씨는 애초에 일탈 경험이 별로 없었다. 그 자신의 표현을 빌리면, 초등학교 시절부터 대학 졸업 때까지 그는 일관되게 '범생이'로 살았다. 집이나 학교에서 정해놓은 규칙을 잘 지킬 뿐 아니라 공부도 잘하는 모범적인 학생의 이미지는 그 뒤로도 쭉 이어졌다. 덕분에 그는 중년이 된 지금도 '바른 생활 맨'으로서 흐트러짐 없는 생활을 고수해 오고 있었다.

아마도 준성 씨가 좀 더 일찍 태어났더라면 그 시절의 기준으로 '대쪽'이란 별명을 얻었을 것이다. '대쪽'은 예로부터 자신의 가치관에 위배되는 것이면 그 무엇과도 타협하지 않는 기개를 가진 사람을 일컫는 말이었다. 적어도 진정한 군자나 선비라면 '대쪽같은 성품' 정도는 지니고 있어야 했다. 그래야 아래위로 두터운 신망을 얻을 수 있었기 때문이다.

하지만 그는 그런 옛말 대신 '벙커'라는 별명으로 불리고 있었다. '대쪽'과 '벙커'라니, 두 단어만큼 서로 조합이 안 되는 경우도 드물 것이다. 그리고 바로 거기에 준성 씨의 문제가 숨어 있었다.

준성 씨는 왜 벙커라는 별명으로 불렸을까? 문제는 그가 자신의 시각만으로 세상을 재단하는 데 있었다. 자신은 그 누구보다도 바른 생활을 해나가는 사람이라는 그의 의식 속에는 '그렇기 때문에 나는 옳은 사람'이라는 생각이 똑같은 무게로 고착되어 있었다.

그리고 바로 그 '난 옳은 사람'이란 생각이 문제의 핵심이었다. 나는 옳기 때문에 내가 생각하고 말하고 행동하는 것은 다 옳다고 믿었다. 사실 거기까지만 해도 나쁠 건 없었다. 어떤 생각을 하고 어떤 가치관을 가지고 살아가든 다 자기 마음이니까. 다만 그런 믿음을 혼자 간직하지 않은 것이 그의 실수였다. 특히나 요즘처럼 온갖 종류의 가치관이 혼재하는 시대에는 더욱.

먼저 가족들 사이에서 균열이 생겨났다. 결혼생활 10년 동안 준성 씨는 살림살이의 세세한 부분까지 간섭하면서 이건 이래서 틀렸고 저건 저래서 틀렸다고 지적하기를 그치지 않았다. 마침내 견디다 못한 아내가 저항하자 그는 오히려 그런 아내를 이해하지 못했다.

'아니, 내가 지금 틀린 말을 하는 게 아니지 않은가. 제대로 좀 하자는데 그걸 못 견뎌서 사네 마네 하다니, 기가 막힌 노릇이군.'

그의 생각은 회사에서도 적잖은 문제를 일으켰다. 앞에도 언급했듯이, 그런 생각을 혼자서만 간직하면 상관없었다. 그런데 그는 평소 말하는 것을 좋아하는 유형이었다. 이 사회의 정치, 경제, 문화 전반에 걸쳐 그는 자신만의 확고한 잣대를 가지고 있었고 기회만 있으면 그것을 모두에게 주지시키기를 좋아했다.

하지만 듣는 사람들의 생각은 달랐다. 팀원들은 하나같이 그가 '절대논리로 무장한 독선적인 인간'이라고 생각했다. 그럴 수밖에 없는 것이, 주변인들은 그가 자기와 의견이 조금이라도 다른 사람을 가차없이 형편없는 인간이라 매도하는 모습을 계속 지켜봐야 했기 때문이다. 반발이 따르는 것이 당연했다. 일을 할 때도 그는 자기와 생각이 다르거나 일처리 방식이 다른 사람을 받아들이지 못했다.

알다시피 벙커는 골프장 코스 중 모래가 들어 있는 우묵한 곳을 가리킨다. 골프공이 한번 벙커에 빠지면 쉽게 빠져나오기 어려워 선수들도 애를 먹을 때가 적지 않다. 그의 주변에 있는 많은 사람들은 '나는 무조건 옳고 세상은 무조건 내 말을 따라야 한다'는 그의 절대 논리를 두고 '벙커'라는 별명을 지었던 것이다. 한번 그의 주장에 걸려들면 벙커에 빠진 것처럼 웬만해서는 빠져나올 수 없었다.

물론 사람은 누구나 자기 경험에서 자유롭지 못하다. 연애가 불행하게 끝난 사람에게는 세상의 모든 연애가 다 쓰라리고 애달프게 여겨지듯이 건강한 사람은 아픈 사람을, 가진 사람은 못 가진 사람을, 상처 주는 사람은 상처받는 사람을 이해하지 못한다. 내가 겪은 것, 본 것, 들은 것만이 나를 이루는 세상의 전부이기 때문이다.

따라서 우리가 편견이나 선입견을 가지고 세상을 바라보는 것은 불가피한 일일지도 모른다. 그래서 프랑스의 유명한 정신과 의사 프랑수아즈 돌토는 "다른 사람에게 투사해 버린 것들을 자신의 내면에서 다시 찾는 순간 성장한다"라고 했을 것이다. 나는 옳고 너는 틀렸다고 주장하지만 어느 순간 그 반대일 수도 있다는, 따라서 우리는 내가 모르는 생의 이면에 대해 열린 시각을 가져야 한다는 뜻에서 말이다.

"어느 누구도 다른 사람보다 낫지 않다"라는 말이 있다. 나만 올바르고 선한 사람이라는 생각이 자칫 독선과 오만을 낳을 수도 있다는 점을 경계하라는 의미일 것이다. 나는 준성 씨에게 유머감각부터 키우려는 노력을 할 것을 권했다. 유머감각이란 게 타고난 순발력을 필요로 하는데, 그렇지 못한 사람도 있는 것 아니냐고 반문할지도 모르겠다. 하지만 세상 모든 일이 다 그렇듯이 순발력도, 유머감각도 노력하고 훈련하면 나아질 수 있다.

나는 올바르고 선한 사람이라는 생각이 도를 넘어 흑백논리로만 세상과 다른 사람을 재단해서는 순발력도 유머감각도 생겨날 여지가 없다. 편협하고 독선적인 사람은 자신이 농담의 대상이 되는 걸 못 견뎌 한다. 하지만 유머감각이란 자신의 실수를 두고 웃을 수 있는 능력이다. 자기 자신에 대해, 자신의 인생에 대해 열린 마음과 긍정적인 태도를 가진 사람만이 그런 유머를 이해할 수 있는 것이다. 그리고 고백하자면 그건 먼저 나부터 마음에 새겨두어야 할 말이 아닌가 싶다.

관계를
편하게 하는
딱 한 끗

―――――

우리가 인간관계에서 흔히 착각하는 것이 한 가지 있다. 자신이 상대방만큼 혹은 상대방보다 똑똑하게 보여야 한다고 믿는 것이다. 상대방에게서 인정과 신뢰의 마음을 이끌어내기 위해서는 더욱 그래야 한다고 여긴다. 하지만 실상은 그렇지 않다. 내가 그렇듯이 상대방이 나보다 더 유능하고 똑똑한 사람이기를 바라는 사람은 아무도 없기 때문이다.

『권력의 법칙』을 쓴 로버트 그린은 한술 더 떠서 웬만하면 상대방보다 멍청하게 보이라고까지 권유한다.

"자신이 똑똑하다고 여기는 생각이 허영심에 매우 중요하다는 것을 고려하면, 거꾸로 상대가 멍청하다고 핀잔을 주는 것이 얼마나 큰 모욕인지를 알 수 있다. 그것은 용서할 수 없는 죄가 된다. 이것을 이용하면 훌륭한 기만전술을 만들어낼 수 있다. 상대에게 당신보다 똑똑하다는 생각을 심어주어라. 심지어 약간 바보처럼 굴어라. 그러면 상대는 자신이 지적으로 우월하다고 생각하고 의심을 풀어버릴 것이다. (⋯⋯) 사람들은 일단 당신이 자기보다 못하다고 믿으면 당신의 다른 의도를 의심하지 않는다."

물론 그의 말처럼 기만전술을 만들어내기 위해 그렇게까지 할 필요는 없을지도 모른다. 하지만 내가 상대방보다 똑똑하게 보여서 이득이 되는 경우는 거의 없다. 자기계발서에 자주 등장하는 유명한 문장처럼 "누구도 남이 자신의 머리 위에 있는 것을 원하지 않기" 때문이다.

우진 씨는 누가 봐도 한껏 '먹물'이 들어 보이는 유형이었다.

실제로 그는 전문직에 종사하는 인텔리인 데다가 연예인에 준하는 패션 감각까지 자랑했다. 그가 입을 열면 '잡학다식'하고도 유창한 언변 앞에서 기가 눌리는 사람들이 적지 않았다. 덕분에 그는 몇몇 추종자들까지 거느리고 있었다. 대개는 그의 뛰어난 말솜씨와 지식인으로 포장한 나름의 카리스마 앞에서 찬탄을 느끼는 사람들이었다.

그는 자신의 네트워크를 자랑하며 여기저기 얼굴을 내미는 것을 좋아했다. 그중에는 유명인사도 여럿 있었다. 모임에서마다 그는 열변을 토하며 자신이 알고 있는 지식을 널리 알리느라 바빴다. 때때로 사람들은 그의 말솜씨 앞에서 웃음을 터뜨리거나 함께 알은체를 해주거나 했다. 가끔은 "당신이 최고"라며 남자를 치켜세우는 사람들도 있었다. 그때마다 그의 뇌에서는 도파민이 치솟았다. 사람들이 자신의 똑똑함을 알아주었다는 생각과 그가 사람들에게 강한 인상을 남겼다는 생각에 한없이 뿌듯했기 때문이다. 그 맛에 그는 늘 동분서주하면서도 피곤한 줄 몰랐다.

하지만 그는 자신의 분야에서 원하는 만큼 인정을 받지 못했다. 그는 열심히 일했고 성과도 나쁘지 않았다. 우진 씨는 그 사실을 사람들이 알아주기를 바랐다. 그래서 자기처럼 똑똑하고 능력 있는 사람이 열심히 일했을 때 어떤 결과가 나오는지 기회가 있을 때마다 피력하기를 잊지 않았다. 그런데도 이상하게 선배나 동료들로부터 인정과 신뢰를 받는다는 느낌이 들지 않았다. 그도 인간인지라 좌절을 느낄 때도 몇 번 있었다.

결국 그는 한 가지 결론을 내릴 수밖에 없었다. 남들이 자신의 능력을 제대로 평가하지 않는 이유는 주변 사람들이 자신의 똑똑함을 질투해서라고 생각했다. 우진 씨가 느끼기에 선배나 동료들 중에 그처럼 추종자들을 거느리고 있거나 모임에 나가 멋진 말솜씨로 좌중을 휘어잡는 사람은 없었다. 그러니 시기심이 생기는 건 어쩔 수 없는 일인지도 몰랐다.

그는 때로 고독했다. 참을 수 없이 고독했다. 같은 일을 해서 먹고살면서도 단지 그들보다 똑똑하고 잘났다는 이유로 자신을 은근히 따돌리는 인간들 때문에. 하지만 그도 몇 번의 상담을 거치면서 이윽고 자신의 문제가 무엇인지 조금씩 깨달아갔다. 그의 주장대로 두뇌는 명석했으므로 핵심을 짚을 줄 알았던 것이다. 그의 문제 중 하나는 머리는 좋으나 인간에 대한 이해가 부족한 사람들이 으레 그렇듯이 너무 젠체하면서 살아왔다는 점이다. 동료들은 그가 어떤 인물인지 모르기에는 너무 가까운 거리에 있었다. 그러니 그를 경원시할 수밖에 없었던 것이다.

그래도 그는 동료나 선배들한테 사과는 하지 않았다. 어쨌든 그것 역시 약간 오버인 것 같았기 때문이다. 그 대신 조용히 자신의 이미지를 바꾸기 위해 노력하기로 했다. 모임도 줄이고 말수도 줄였다. 그는 이제 매우 똑똑하지만 그런 것을 내세우지는 않는, 그래서 어쩐지 더 괜찮아 보이는 사람으로 변모해 가고 있었다.

셰익스피어를 연구해 훌륭한 책을 쓴 미국의 심리학자 조지 와인버그에 의하면 사람들은 자신을 기분 좋게 만드는 '폴스타프' 풍의 인물을 좋아한다. 폴스타프 경은 셰익스피어의 여러 희곡에 등장해서 극에 생기를 불어넣는 인물이다. 거짓말쟁이에 허풍선이고 조금 모자라는 듯한 떠돌이며 남들의 웃음거리가 되는 인물, 그러면서도 생기 넘치는 이 인물을 보고 있으면 누구라도 자신이 그보다는 약간 더 우월하다는 느낌을 갖게 된다.

폴스타프가 극중에서 하는 대사 중에 이런 문장이 있다.

"난 본질적으로 재치가 있을 뿐만 아니라 다른 사람들을 재치 있게 만드는 원천이다."

　그는 탁월함을 가지고 있지만 그것을 다른 사람들이 더 돋보이도록 만드는 데 썼다. 그래서 매력적인 인물이 된 것이다.

　물론 인간의 허영심은 그것을 잘 허락하지 않는다. 우리 모두 그 사실을 잘 알고 있다. 그러니 폴스타프 경까지는 못 되더라도 상대방으로 하여금 나보다 딱 한 끗만 더 똑똑하게 느끼게 하는 건 어떨까. 두 끗도 아니고 딱 한 끗이다. 그러면 내 편에서도 덜 억울하고 상대방은 어쨌든 나보다 똑똑하다고 느낄 테니, 늘 지지 않기 위해 전전긍긍하는 인간관계보다는 나쁘지 않은 거래란 생각이 든다.

Chapter 2

상처받은 사람은 많은데 상처 준 사람은 없는 이유

나쁜 매너는
모든 것을
졸렬하게 만든다

———

얼마 전 대학 때 은사를 만나뵙고 말씀을 들을 기회가 있었다. 개인적인 일을 의논드리는 자리였지만 대화는 곧 전공 분야로 이어졌다. 여러 가지 말씀을 듣다 보니 마치 의과대학 시절로 돌아간 느낌이었다.

그런데 무슨 얘기 끝엔가 그분이 재미있는 표현을 쓰셨다. 매너를 보면 그 사람이 머리가 좋은지 나쁜지 단박에 알 수 있다는 것이었다. 머리가 나쁘면 매너도 나빠서 "나 이렇게 형편없는 인간이오" 하고 사방에 시위를 하는데도 정작 자신은 그런 사실을 모르고 멋대로 살아간다는 말씀이었다. 평소 매너를 그런 식으로 연관지어 생각해 보지 않은 터라 그분 말씀이 흥미로우면서도 곧 수긍이 갔다.

매너라는 것은 한 사람이 갖고 있는 가치관의 총합이다. 현명한 사람일수록 가치관도 올바로 정립되어 있는 법이다. 예를 들어 열린 마음, 균형 잡힌 시각, 관용과 신중함, 공평함과 용기를 갖추고 있다면 일부러 매너 있는 태도를 보이고자 애쓰지 않아도 저절로 알아서 품위가 드러나기 마련이다.

반대로 평소 매너가 거친 사람들을 보면 대개 옹졸하고 거만하며 편협한 사고방식의 소유자들인 경우가 많다. 한마디로 말해서 머리도 나쁘고 가치관도 형편없는 위인일수록 좌충우돌하면서 스스로 품위를 떨어뜨리고 다니는 것이다. 그런 모습을 곁에서 지켜봐야 할 경우 그 민망함이란 말로 표현하기가 어렵다. 그저 하필 그 시간, 그 자리에 있게 된 자신의 운수 사나움을 탓하는 수밖에는.

물론 이 세상에는 온갖 종류의 사람이 다 있으며 일어날 수 없는 일 또한 결코 없다. 그런 사실을 알고 있으면서도 때때로 지나치게 무례한 사람을 만나거나 심하게 터무니없는 일을 당하면 화가 나는 것이 사람 마음이다. 그런 의미에서 살아가는 데 중요한 것 중의 하나가 매너가 아닐까 싶다.

친구의 경험담 하나. 사회적인 관계로 알게 된 모임에서 작은 소동이 있었다. 대여섯 명이 모이는 조촐한 자리라 부담 없이 나갔던 게 화근이었다. 평소 모이는 사람들 외에 어느 기업의 대표라는 사람이 동석하게 되었는데, 그의 태도가 안하무인이었다.

그 자리에 모인 사람들 중에 인품으로 보나 사회적인 명망으로 보나 그보다 못한 이는 아무도 없었다. 그런데도 그는 좌중의 분위기는 아랑곳하지 않고 혼자서만 큰소리를 치며 이것저것 아는 척을 했다. 그것도 모자라 나중에는 식당에서 서빙하는 직원한테 성희롱에 근접하는 막말을 해대서 동석한 사람들을 아연하게 만들었다. 알고 보니 그 대표는 최근에 프로젝트 하나가 크게 성공해 꽤 많은 돈을 벌었다고 했다. 아마도 그것이 그를 거만하고 치졸하게 만든 모양이었다.

결국 다른 사람이 나서서 직원에게 사과하고 사태를 마무리

했지만 참으로 씁쓸한 경험이었다고 친구는 한탄했다. 그러면서 그런 사람들을 교육시켜주는 매너 학교 같은 거라도 있어야 하는 것 아니냐고 했다. 나는 은사의 말씀을 떠올리며 "머리가 나빠서 그래. 아마 기껏 교육해놔도 금방 잊어버리고 또 그럴걸, 뭐"하고 친구에게 위로 아닌 위로를 해주어야 했다.

아무리 강한 사슬이라도 가장 약한 고리에 의해 그 강도가 결정된다는 말이 있다. 자신의 아킬레스건이나 단점을 잘 다스려야 한다는 의미를 담고 있는 말이다. 누구에게나 취약한 부분이 한두 군데는 있기 마련이다. 하지만 현명한 사람들은 자신의 취약한 부분을 보완하려고 늘 노력한다. 그리고 적어도 다른 사람들 앞에서 그런 모습을 드러내지 않을 정도의 매너는 갖추고 있다. 반면에 앞서 예를 든 그 기업 대표는 나쁜 매너가 자신의 가장 약한 고리라는 사실조차 모르고 있는 것이었다. 아무리 많은 돈을 벌고 성공한다 해도 형편없는 매너로 사람들을 대하는 이상 그는 자신의 성공에 걸맞은 인정을 받지는 못할 터였다.

『맹자』에 보면 차마 남에게 해서는 안 되는 말과 행동을 하지 말라는 구절이 나온다. 옹졸함과 거만함은 군자가 취할 행동이 아니라는 말도 있다. 둘 다 요즘 식으로 해석하면, 품위 있는 사람이 되기 위해서는 먼저 좋은 매너를 갖춰야 한다는 뜻을 담고 있다 하겠다.

스페인의 철학자 발타자르 그라시안도 한마디 보탠다. 그의 말은 좀 더 직접적이다.

"나쁜 매너는 모든 것을 졸렬하게 만든다. 심지어 정의와 이성까지도. 그러나 세련된 매너는 모든 것의 부족을 메운다. (……) 말과 행동을 바르게 하면 그 어떤 어려운 상황에서도 빠져나올 수 있다."

자신의 가치관을 제대로 정립하고 그 가치관에 따라 용기 있게 살아가는 것이야말로, 그라시안이 말하는 세련된 매너의 기본인 셈이다.

작가 폴 오스터는 자신의 책에서 그런 매너를 가진 사람을 '파란 팀'이라고 불렀다. 뛰어난 유머감각, 삶의 아이러니를 즐기고 터무니없는 말의 의미를 제대로 알아보는 능력, 어느 정도의 겸손함과 신중함, 다른 사람들에 대한 친절, 너그러운 마음

씨가 있다면 그는 누구라도 '파란 팀'이 될 자격이 있다고 했다.

우리 주변에도 '파란 팀'에 들어갈 자격이 충분한 멋진 사람들이 분명 있다. 그런 사람들을 만나면 나까지도 덩달아 기분이 유쾌해진다. 그러면서 나도 저렇게 살아가야지 하는, 다소 지키기 어려운 결심을 하기도 한다. 반면에 상대방의 졸렬한 매너 때문에 화가 날 때도 있다. 그런 사람들을 만날 때는 난 절대로 저러지 말아야지 하는, 역시 다소 지키기 힘든 결심을 하게 된다.

언젠가 한 모임에서 기업 임원이라는 사람이 이상하게 사람들이 자기를 싫어한다며 상담을 원한 적이 있다.

"제가 다른 건 몰라도 보스 기질은 좀 있거든요. 실제로 절 따르는 친구들한테는 정말 잘해줍니다. 그런데 이 친구들이 제 앞에서는 말을 듣는 척하다가 돌아서면 자기들 멋대로 구는 겁니다. 그뿐인 줄 아세요? 슬쩍 알아봤더니 아예 뒤에서 절 씹는 친구들까지 있더군요. 제가 얼마나 배신감이 컸겠습니까?"

그는 정말 억울하다는 얼굴로 말했다. 집에서도 자긴 할 만큼은 하는데 가장 대접을 못 받고 있다며 불만이 대단했다. 어쩌다 모임에서 그를 만난 적이 있는 나로서는 문제가 무엇인지 전혀 짐작이 가지 않는 것도 아니었다. 그는 한마디로 매우 거친 데가 있는 사람이었다. 특히 자기보다 사회적 지위가 낮다고 생각되거나 부자가 아니거나 배움이 모자라거나 하는 사람들한테는 대놓고 멸시하는 태도를 보였다.

형편이 그렇다 보니 누구도 가까이 지내려고 하지 않았다. 모두의 머릿속에는 이 이상 관계를 맺었다가 무슨 봉변을 당할지 모른다는 생각이 박혀 있었던 것이다. 나 역시 그런 사람들 가운데 하나인지라 정중하게 "모임에서 야간진료는 하지 않으니 상담을 하고 싶으면 나중에 병원으로 오세요"라고 말할 수밖에 없었다. 나는 그래도 그가 그때까지 자신의 얘기를 들어준 것에 대해 감사를 표할 줄 알았다. 하지만 그러기는커녕 당신한테는 더 이상 용무가 없다는 듯이 인상을 찌푸리며 다른 자리로 가버렸다. 역시 매너라고는 없는 사람이었던 것이다.

그라시안의 말을 빌리자면 그는 나쁜 매너로 인해 자신을 졸렬하게 만들고 있었다. 스스로만 그런 사실을 모를 뿐. 만약 지금이라도 말과 행동을 바르게 하려고 노력한다면 많은 것이 달라질 터였다. 그 어떤 어려운 상황에서도 빠져나올 수 있는 현명함을 갖추는 것은 물론이고 세련된 매너로 모두에게 존중받을 수도 있을 터였다. 하지만 그러기 위해서는 먼저 그가 스스로 달라져야 한다는 점을 인식할 필요가 있었다. 이 같은 인식이 가능할지는 알 수 없는 일이지만.

　나는 개인적으로 그라시안이 말하는 세련된 매너라는 것이 특별한 무엇이라고는 생각하지 않는다. 다만 자신의 가치관을 제대로 정립하고 그 가치관에 따라 용기 있게 살아가는 것이야말로 그런 매너의 기본이 아닐까.
　엘리너 루스벨트는 언젠가 이런 말을 남겼다.

　"특별한 재능이 없는 사람일지라도 폭넓고 충실하게 사는 방법을 발견할 수 있다. (……) 나에겐 오직 세 가지 자산밖에 없다. 나는 뭔가에 늘 깊은 관심을 가지고, 모든 도전을 배울 수 있는 기회로 받아들이며, 내면에 강력한 열정과 자율성을 갖고 있다."

　나는 그녀가 말한 세 가지, 즉 뭔가에 늘 관심을 잃지 않고 모든 도전을 배움의 기회로 여기며 내면에 강력한 열정과 자율성을 지니는 것 역시 폴 오스터가 말한 '파란 팀'의 조건과 크게 다르지 않다고 생각한다.

우리 중 누구도 자신이 '파란 팀'에 들어갈 자격이 있다고 당당하게 주장할 수는 없을 것이다. 이 세상에 결점이 없는 사람은 없기 때문이다. 다만 그 결점 또한 자기 성격의 한 측면으로 받아들이고, 그것을 이겨내기 위해 노력할 수는 있을 것이다. 그런 용기와 추진력을 가지는 것만으로도 '파란 팀'의 자격은 충분하지 않을까.

멈추었다 싶을 때,
변화가
필요한 순간

———

사람들은 쉽게 익숙한 것에 길들여진다. 그리고 한번 익숙해진 것은 웬만해선 바꾸지 못한다. 물론 나도 그중 한 사람이다. 특히 나는 지독한 방향치인지라 낯선 길로 가는 것을 죽을 만큼 싫어한다. 그래서 늘 다니는 길로만 다닌다. 위안이 되는 건 나만 그런 건 아니란 사실이다. 생각보다 많은 사람들이 나처럼 낯선 길을 꺼려한다.

여기에는 각자의 타고난 기질도 한몫한다. 정신과적으로 성격 및 기질을 측정하는 검사가 있다. 그런데 정신적 문제를 호소하는 사람들 중에서는 서로 모순되는 두 성향이 똑같이 높게 측정되는 사람들이 많다. 하나는 새로운 것에 대한 호기심을 측정하는 자극추구 성향이고, 하나는 실패나 실수에 대한 두려움 때문에 새로운 것을 피하는 위험회피 성향이다. 그 두 가지의 상반되는 성향, 즉 새로운 것을 탐구하고 싶은 마음과 그랬다가 실패하면 어떡하지 하는 두려움이 충돌하다 보니 정신적으로 갈등과 좌절을 겪을 수밖에 없는 것이다.

흥미로운 것은 젊은 세대로 갈수록 그 두 성향이 똑같이 높게 나온다는 사실이다. 아마도 그래서 요즘 젊은 세대들이 정신적으로 더 긴장하고 더 갈등을 느끼는 것인지도 모르겠다.

그러고 보면 인간관계나 일에서 성공하고 싶으면 이 두 성향을 동시에 만족시킬 방법을 찾으면 되겠지만 그것 역시 쉬운 길은 아니다. 새로움을 추구하면서 거기에서 비롯되는 위험에 대비하기 위해서는 모든 가능성을 점검하되, 열정과 도전의식도 잃지 말아야 하기 때문이다.

나 역시 검사 결과 그 두 가지가 다소 충돌하는 것으로 나왔다. 하지만 나의 경우 현실에서는 위험회피 성향이 훨씬 우세하다. 덕분에 새로운 것 앞에서는 심하게 낯가림을 하고는 한다. 내 주변에는 나와 반대 성향을 가진 사람들도 있다. 그들은 말하자면 일부러 새로운 길을 찾아다니는 사람들이다. 지인 중에도 그런 사람이 있는데 새로운 길을 찾아 탐색하는 재미가 끝내준다고 한다. 하지만 그도 식당만큼은 몇몇 곳을 단골로 정해놓고 그 집 음식만 먹는다.

그렇다면 우린 왜 그처럼 변화를 두려워하는 것일까? 사람들 대부분은 기질과 상관없이 익숙하지 않은 것에는 두려움을 느끼기 마련이다. 상담을 하다 보면 낯선 사람과 새로운 관계를 맺는 일에 두려움을 느끼는 사람들이 많다. 인간관계에 어려움을 느낀다는 사람들 중에는 낯선 관계를 어려워하는 경우가 대부분이다. 우리가 그토록 낯선 것을 두려워하는 이유는 모르는 상황에서는 제대로 대처할 수 없다고 생각하기 때문이다.

정신과에서는 치료가 끝나갈 무렵 갑자기 병원 다니는 것을 그만두는 사람들이 더러 있다. 입원 환자라면 퇴원을 거부한다. 심하면 자살을 기도하는 등의 극단적인 선택을 하기도 한다. 그 이유는 하나다. 이제부터 자신이 직면해야 할 낯선 변화가 너무도 두려운 것이다.

치료가 끝나면 자신은 더 이상 환자가 아니다. 그동안은 단지 환자라는 이유로 많은 것이 용인되었다. 자기 합리화도 얼마든지 가능했다. 주변에서도 다들 그렇게 이해해 주었다. 하지만 치료가 끝나고 나면 더 이상 그런 합리화나 변명은 통하지 않는다. 지금까지 내 몸처럼 익숙했던 모든 것들과 단호하게 작별해야 한다. 그리고 새로운 방식으로 새로운 삶을 살아가야 하는 것이다. 당사자들에게 그것은 우리가 생각하는 것보다 훨씬 더 큰 공포다. 그런 괴로움을 당하느니 차라리 치료를 그만두는 편이 낫다고 생각할 정도로 말이다.

환자들만 그런 건 아니다. 사람은 누구나 익숙한 것에는 친밀감을, 낯선 것에는 공포를 느낀다. 특히 익숙함에 대한 동경은 새들의 귀소본능만큼이나 강렬하다. 그러니 어찌 쉽게 낯선 길을 선택하고 가보지 않은 식당에서 음식을 주문할 수 있단 말인가. 웬만하면 그저 다니던 곳을 계속해서 다니는 수밖에.

우리가 낯선 곳을 두려워하는 이유는 또 있다. 그곳에서 만난 상대방이 나를 어떻게 대해줄지 모르기 때문이다. 그래서 우린 역시 웬만하면 단골 식당, 단골 미장원, 단골 이발소 등을 정해 놓고 살아간다. 적어도 그들은 내가 뭘 원하는지 잘 알기 때문이다.

단골 식당을 예로 들어보자. 그들은 내가 음식을 짜게 먹는지 싱겁게 먹는지, 반찬 중에 무엇을 더 달라고 하는지 등을 잘 알고 있다. 그래서 내가 얘기하기도 전에 척척 알아서 내주고 할인도 해준다. 반면에 모르는 곳에 가면 그들은 나를 반갑게 대해주지도 않고 알아서 서비스해 주지도 않는다. 아마 그런 경험이 한 번쯤 있을 것이다. 누군가와 같이 어디를 갔는데 주인이 단골인 사람에게만 아는 척을 하고 나한테는 데면데면하게 구는 바람에 불편함을 느낀 경험. 별것 아닌 것 같지만 우린 그런 일에 쉽게 마음이 상한다. 상대방이 내 존재를 알아주는지 아닌지가 그만큼 중요한 것이다.

지금은 그런 관행이 사라졌지만 전에는 많은 사람들이 내게 대학병원에 있는 동기나 선배들에게 진료 약속을 잡아달라는 부탁을 해오기도 했다. 원칙대로 예약을 하려면 몇 달을 기다려야 하기 때문이다. 정말 거절하기 어려울 경우에는 어쩔 수 없이 부탁을 들어줄 때도 있었다. 그러면 이번에는 담당의사에게 직접 자기에 관해 언급해 달라는 부탁을 받는다. 나는 대학병원에 있는 의사들의 살인적인 스케줄을 알기에 내가 용건이 있을 때조차도 아주 급한 일이 아니면 전화를 하지 않는다는 원칙을 가지고 있다. 하지만 그래도 막무가내로 부탁을 하면 또 할 수 없이 전화를 하게 되어 있다.

재미있는 것은 그 후 사람들의 반응이다. 의사가 자기한테 누구 소개로 왔다는 아는 척을 안 하던데 정말로 자기 얘기를 한 게 맞느냐고 따지는 사람이 있는가 하면, 역시 소개로 가니 대접이 다르다고 얘기하는 사람도 있었다. 그때마다 나는 잠자코 그들의 얘기를 들어줬다. 그들이 그런 부탁을 하는 심리를 이해하기 때문이다. 그들은 단지 상대방이 내 존재를 알아주는 약간의 특별 대접을 받고 싶은 것뿐이다.

하지만 낯선 곳에서는 그런 특별 대접이 불가능하다. 그러니 계속해서 익숙한 곳에 집착할 수밖에 없는 것이다. 우리에게 어떤 종류든 집착이 생겨나는 이유는 한 가지다. 바로 변화를 받아들이지 못하기 때문이다. 사랑에 대한 집착이 그것을 잘 설명해 준다. 사랑이 멀어졌다는 사실을 받아들이지 못하고 집착하는 이유가 무엇인가? 바로 관계가 변했다는 그 사실을 인정하지 못하기 때문이다. 관계 자체가 변했건만 그 변화를 인정하지 못하다 보니 집착이 생겨나는 것이다.

사랑만이 아니다. 그건 인생의 모든 면에 다 적용된다. 다이어트에 실패하는 사람이 음식에 집착하는 것도 음식 섭취를 줄여야 한다는 명백한 변화를 받아들이지 못하기 때문이다. 금연에 실패하는 이유도 담배를 피워서는 안 된다는 상황의 변화를 받아들이지 못하기 때문이다. 젊음에 집착해 성형중독이 되는 이유도 나이를 먹는 순간순간의 변화를 받아들이지 못하기 때문이다. 또한 하루 일과가 반드시 정해진 순서대로 전개되어야 견디는 사람들이 있다. 어느 작가는 그런 상태를 가리켜 완벽주의와 소심함의 합병증이라고 불렀는데 과연 적절한 표현이다. 그런 사람은 데이트도 전날 세운 스케줄대로 진행되지 않으면 견디지 못한다. 아주 약간의 틀어짐이나 변화도 받아들이지 못하기 때문이다.

그뿐인가. 떨치고 일어나면 분명 새로운 기회가 열릴 것을 알면서도 현실에 안주해 오직 시간만을 죽이는 사람들도 적지 않다. 그들은 계속해서 불평하고 투덜거리면서 자신이 그래야만 하는 온갖 이유를 다 수집한다. 하지만 진짜 이유는 역시 하나뿐이다. 행동해야 하는 변화가 두렵기 때문이다. 그래서 결국 삶의 어느 불행한 순간에 고착되고 마는 것이다.

물론 우린 인간인지라 한번 마음이 기울면 그걸 바꾸기가 좀처럼 쉽지 않다. 그게 의도했던 것이든 아니든, 잘못된 선택이든 아니든 그런 것과는 상관없이 그저 지금 이 순간의 변화가 두려운 것이다. 그러다가 모든 걸 되돌리기엔 너무 늦어버렸다는 걸 알게 되면 마침내 불행 앞에서 절망하게 된다.

가장 좋은 건 그 전에 내게 필요한 변화를 받아들이는 것이다. 거창하게 말하면 변화는 자신을 재창조하는 과정을 필요로 한다. 그러기 위해서는 무엇보다도 지금까지 알고 있던 지식이나 습관을 과감히 벗어 던질 수 있어야 한다. 단지 내게 익숙하다는 이유로 옆에 끼고 있던 것들과도 아낌없이 헤어져야 한다.

그러자면 먼저 소소한 변화부터 시도해 볼 필요가 있다. 늘 다녀서 눈에 익은 길이든 친절한 단골 음식점이든 바꾸어보려는 의지를 가져보는 것이다. 어쩌면 생각하는 것보다도 훨씬 더 신선한 세계가 우리를 기다리고 있을지 누가 알겠는가. 그리고 그런 소소하고 일상적인 경험이 쌓이다 보면 어느 순간 큰 변화 앞에서도 당당하게 그것을 받아들이는 멋진 모습을 연출할지도 모른다.

우선 나부터 그런 변화를 추구할 수 있기를 소망해본다. 분명 매우 즐겁고 멋진 일일 것이므로.

Chapter 3

자유로운 나로 살기 위한
까칠한 인간관계 처방전

나는
까칠하게
살기로 했다

———

사실 '나는 까칠하게 살기로 했다'는 선언은 내게 일종의 커밍 아웃과도 같다. 직업적으로 혹은 사회적으로 내 이미지는 이미 대단히 '까칠하게' 살고 있는 사람으로 보이기에 충분하다(는 것을 나 자신도 잘 알고 있다). 외모마저도, 특히 젊은 시절에는 '빈틈 없는 냉정함으로 가득 차 보인다'는 평을 들은 게 한두 번이 아니다. 이쯤 되니 내 이미지는 대체로 차갑고 지극히 사무적이고 웬만해서는 말도 붙이기 어려운 사람 쪽에 가까워졌다(는 것 역시 잘 알고 있다).

그러나 나를 개인적으로 깊이 아는 사람들만은 내가 정반대의 캐릭터라는 것 또한 이미 오래전부터 잘 알고 있다. 작은 일에도 쉽게 상처받고 또 내가 누군가에게 아주 작은 상처라도 주지는 않았는지 늘 전전긍긍해 하는 성격이었기 때문이다. 예를 들어 크고 작은 모임에서 사람들을 만나고 돌아올 때가 있다. 그런 경우 만에 하나라도 실수한 것은 없는지, 말을 잘못해서 누군가의 마음을 다치게 하지는 않았는지 머릿속으로 비디오 판독을 거쳐야만 하루 일과를 끝내는 사람이 바로 나였다.

언제부터인가 그렇게 전전긍긍하며 사는 것이 몹시 피곤하게 느껴지기 시작했다. 모든 면에서 내가 실제로 갖고 있는 힘보다 백 배는 더 애를 써야 할 때가 많다 보니 지치는 것도 당연했다. 물론 그런 내 모습은 대부분 나의 기질에서 비롯되는 것이긴 했다. 그래도 변화의 과정은 필요했다. 무엇보다도 나는 작은 일에 목숨 걸지 않는(특히 인간관계에서) 사람이 되려고 노력했다. 때로는 실수하고 넘어지는 자신이 부끄럽고 당황스럽지 않은 것은 아니었지만, 살다 보면 그럴 수도 있지 하면서 대범하게 받아들이고자 애썼다. 돌아보면 낯 뜨거운 기억들이 한두 가지가 아니다. 하지만 따지고 보면 한 번뿐인 인생에서 실수하지 않고 사는 것이 더 이상하다. 다들 처음 살아보는 삶이니 실수는 당연하므로 그것조차도 자연스럽게 받아들이자고 결심한 것이다.

그런 식으로 까칠하게 생각하면서 나 자신에게 다짐하곤 했다. 스스로에게 실수를 허락하고 비판을 받아들이자. 누가 내 험담 좀 한다고 인생이 무너지는 것도 아니니까.

이 얘기를 듣고 "아니, 명색이 정신과 의사라면서 어째 나보다 더 멘털이 강하지 못한 것 같은 이 느낌은 뭐지?" 하고 회의를 가질 분들도 있을 것이다. 실제로 내 주위에는 "외모라도 단단하게 생겼으니 얼마나 다행이냐. 그러니 어디 가서 행여 네 캐릭터를 있는 그대로 보일 생각일랑 절대 하지 말아라" 하고 오금을 박는 친구들도 있다.

그럴 때 내가 들려주는 얘기가 있다. 지금은 이름이 기억나지 않지만 예전에 미국에서 좋은 결혼생활을 유지하는 법에 관한 책을 써서 매우 유명해진 여성 작가가 있었다. 다만 그녀의 경우 이미 네 번이나 이혼한 경력이 있다는 것이 문제였다. 어느 날 인터뷰에서 사회자가 그 점을 언급했다. 그러자 그녀는 "그처럼 아픈 경험들이 있었기에 나는 누구보다도 실제적이고 도움이 되는 얘기들을 들려줄 수 있게 되었다"라고 대답했다. 나 역시 마찬가지다. 나는 인생에서 일어날 수 있는 우울과 불안, 초조와 갈등, 두려움과 상처들을 누구보다 잘 안다. 내가 직접 경험해 왔으므로. 그러니 다른 건 몰라도 그런 점에서는 많은 사람들과 충분한 이해와 공감을 나눌 수 있다고 여겨도 되지 않을까 싶다.

그런 의미에서 내게 '까칠함'이란 내면의 적이나 외부의 적으로부터 나 자신을 적절하게 보호하는 방법의 하나다. 자기비판이나 자기회의가 몰아칠 때는 "아니, 내 나름대로는 열심히 했어"라는 자기보호와 더불어 외부의 비판에 대해서도 적절하게 자신을 보호할 수 있는 힘이라고나 할까. 다른 말로 하면 삶의 중심을 잘 잡아서 흔들려도 바로 제자리로 돌아올 수 있는 탄력성이라고도 할 수 있다. 그러한 노력에 나는 내 나름대로 '건강한 까칠함'이라는 정체성을 부여했다. 이처럼 공개적으로 나의 강하지 못한 면을 드러내는 용기를 갖게 된 것도 그 덕분이고. 또한 그것이 바로 '나는 까칠하게 살고 싶다'는 선언이 내게 커밍아웃 비슷한 것일 수밖에 없는 이유이기도 하다.

자기비하심이나 자괴감이 들 때는 먼저 내가 내 마음의 주인임을 떠올려보자. 그렇게 자기를 비난하고 상처 입혀도 되는지를 생각해 보아야 한다. 만약 나 자신이 내게 '이렇게 나를 학대해도 됩니까?'라고 항의한다면 나는 뭐라고 답변할 것인가. 대개는 그럴 만한 근거가 없다는 사실을 알게 될 것이다.

인간은 사용설명서 없이 태어난다. 기계는 사면 반드시 사용설명서가 따라온다. 재질은 무엇이고 사용법은 어떤지 하는 설명이 세세하게 적혀 있다. 설명대로만 잘 따라 하면 실수할 일도 없다. 그런데 인간은 딸랑 내 몸 하나만 갖고 세상으로 나온다. 따라서 도대체 내가 누구인지 어디서 왔는지 어떻게 나를 사용해야 하는지 알 길을 모른 채 우리 인생의 드라마가 써지는 것이다.

우리 마음은 이상하게도 안 좋은 것, 부정적인 것에 더 많은 영향을 받는다. 마치 잡초가 한번 퍼지면 밭 전체를 다 점령하듯이 부정적인 생각이 긍정적인 생각보다 훨씬 더 큰 영향력을 발휘하는 것이다. 우리는 삶에서 긍정적인 것보다는 부정적인 것을 더 많이 경험한다. 그렇기 때문에 무의식 속에 부정적인 결과에 대한 불안감이 숨어 있다. 실제로 성장 과정에서 부정적인 경험을 많이 한 경우 긍정적 감정을 느끼는 것과 연관된 왼쪽 전두엽의 활동이 줄어든다는 보고도 있다.

　죄책감, 적개심, 좌절, 불안, 우울, 선망, 질투, 성적이고 공격적인 충동들과 파괴심리 등등 하루에도 몇 번씩 요동치는 심리적 압박을 견디며 살아가는 사람들이 많다. 그래서 헝가리의 소설가 산도르 마라이의 다음 표현은 언제나 유효한지도 모른다.

　"황야의 밤 속에 퓨마와 독수리, 자칼이 숨어 있듯이 동경, 허영
　심, 이기심, 사랑의 광기, 질투와 복수심이 인간의 밤 속에 매복
　하고 있다."

　아마 인생이 늘 순풍에 돛단 듯이 순조로운 행운을 거머쥔 사람이라면 모를까, 그렇지 않은 사람들은 대부분 마라이가 하는 말의 의미를 이해할 것이다. 하지만 누구나 심리적 압박을 느낀다고 해서 그 원인과 책임을 다른 사람에게 돌리며 불평하고 푸념하지는 않는다. 인생에는 여러 모습이 있으며 힘든 만큼 때

로는 희망적이고 좋은 일들도 있다는 사실 역시 이해하고 있기 때문이다.

죽는 날까지 나는 나 자신과 동행해야 하는 존재다. 그러므로 있는 그대로 자신을 수용해야 앞으로의 여정이 수월하고 행복할 것이다. 내가 태어나서 지금까지 경험한 모든 것들이 나를 이루었다. 그중 마음에 안 드는 부분도 있었고 마음에 드는 부분도 있었다고 편하게 생각하자. 그리고 이제부터 마음에 안 들었던 부분들을 조금씩 고쳐나간다고 생각하고 건강한 까칠함을 실천하다 보면 훨씬 성장해 있는 자신을 발견할 수 있을 것이다.

멈추고,
조절하고,
벗어나라

모든 일에는 적정선이라는 것이 있다. 과거에는 적정선, 상식, 이런 이야기들이 참 싫었다. 진부하고 고리타분하고 회색분자라는 느낌 때문이었을 것이다. 그런데 어느 때부터인가 적정선을 지키고 사는 것, 균형을 잃지 않고 사는 것, 상식적으로 산다는 것이 얼마나 힘든 일인지 깨닫게 되었다. 다른 말로 하면 나라는 인간, 내가 중심을 붙잡고 살아야 하는데 그게 쉽지가 않은 것이다.

거기에 도움을 주는 것이 '건강한 까칠함'이다. 나 자신과의 관계에서, 대인관계에서 그리고 삶에서 건강한 까칠함을 실천하고자 노력하다 보면 어느 순간 땅에 단단히 발을 딛고 중심을 잡으며 살아가는 나를 발견할 수 있다.

상담을 하면서 사람들에게 꿈이 무엇이냐고 물으면 대답은 크게 두 가지로 나뉜다. '평범하게 살고 싶다' 혹은 '행복하게 살고 싶다'로. 어쩌면 평범하게 살기도 어렵고 행복하게 살기도 어렵다는 것을 알기에 우린 더욱 그런 소망을 갖는지도 모른다. 그 소망을 이루기 어려운 이유는 앞서 언급했듯이 중심을 잡고 살기가 어려운 탓이다. 그러기에는 너나없이 지나친 불안과 우울, 두려움, 걱정들에 사로잡혀 살아가는 것이 우리 삶이다. 그리고 그 밑바닥에는 성공이나 칭찬에 대한 강한 욕구와 갈망이 자리 잡고 있다.

'나는 내가 만나는 사람들 모두에게 좋은 인상을 주어야만 해.'
'나는 꼭 이 일을 성공시켜야만 해.'
'나는 실수나 실패를 해서는 안 돼.'

'나는 꼭 칭찬을 받아야만 해.'

'남에게 싫은 소리 듣는 것은 견딜 수 없어.'

…

이외에도 스스로를 괴롭히기 위해 '나는 이러저러해야만 한다'고 자신에게 내리는 명령이 한두 가지가 아니다.

완벽주의로 스스로를 힘들게 하는 것은 대체로 자존감과 관계가 있다. 지나친 완벽주의나 자기비판은 프로이트식으로 말하면 슈퍼에고(초자아)가 가혹할 만큼 너무 강해서 생겨난다. 늘 모든 일을 잘 처리해야 한다고 생각하면 그렇지 않은 경우 자기를 실패자라고 생각할 수밖에 없다. 그러나 일을 너무 잘하려고 하다 보면 인생을 즐길 수 있는 다른 기회를 놓치기 십상이다. 그렇기에 문제를 해결하기 위해서는 먼저 자존감을 키워가는 것이 필요하다.

자존감의 핵심은 나를 끊임없이 수용하는 것이다. 장점과 단점은 물론이고 나의 잘못까지 인정함으로써 있는 그대로의 나를 수용할 수 있을 때 비로소 균형 잡힌 자존감을 가질 수 있다. 그런 다음에는 자신의 잠재력을 찾아가면서 발전할 수 있도록 노력하면 되는 것이다.

스스로 생각하기에 잘했으면 그런 자신을 칭찬해 주면 된다. 그런 칭찬이 쌓여서 내 마음의 자산이 되고, 그런 자산이 많아질수록 위기의 순간에 이겨내는 힘도 커지는 법이다.

자신의 감정을 상하게 만드는 데 스스로 천재가 아닌지도 돌아볼 필요가 있다. 어떤 것에 한번 비참함을 느끼면 아주 쉽게 자기를 비참하게 만들 수 있다는 것, 나를 비참하고 우울하고 불안하게 만드는 것은 바로 나 자신이라는 것을 알아야 한다. 자신을 비극의 주인공으로 만들 필요는 없지 않은가.

물론 이 모든 일이 쉽지는 않다. 그래서 필요한 것이 바로 'SCE 법칙', 즉 멈추고(Stop), 조절하고(Control), 벗어나라(Escape)이다. 자아의 힘은 그냥 생겨나는 것이 아니다. 훈련해야 한다. 즉, 지나친 생각이 들 때는 먼저 그 생각을 멈추고 내가 나를 조절할 수 있다고 여기면서 이윽고 나를 괴롭히는 생각들에서 과감히 벗어나도록 노력해야 하는 것이다.

셰익스피어는 "이 세상에 전적으로 좋거나 전적으로 나쁜 일은 없다. 단 사람들의 생각이 그렇게 만드는 것이다"라고 말했다. 그의 말처럼 자신이 갖고 있는 신념 중에서 비합리적인 신념, 예를 들어 '나는 이 시험에 통과해야만 해. 그렇지 않으면 나는 바보 같은 인간이고 내가 진짜 원하는 것을 얻지 못하게 돼' 대신에 '나는 시험에 통과하고 싶어. 하지만 지금 실패해도 다시 기회가 올 거야. 계속 통과하지 못한다고 해도 나는 다른 방법으로 행복할 수 있어'라고 마음먹으면 한 번의 실패로 자신의 전부를 규정짓는 과오는 저지르지 않을 수 있다.

물론 처음부터 'SCE 법칙'이 잘 되어나갈 리는 없다. 꾸준히 반복을 거듭하는 수밖에 없다. 마크 트웨인은 말했다.

"담배를 끊는 것은 쉽다. 나는 천 번도 더 했다."

자신을 바꾸는 것은 담배를 끊는 일보다 백 배는 더 어렵다. 그러므로 만 번이라도 거듭해서 훈련하겠다는 각오가 필요하다. 뭐, 각오가 그렇다는 것이지 꼭 만 번을 해야 하는 것은 물론 아니다. 그보다는 아주 작은 것, 예를 들어 '남들은 항상 나를 사랑하고 좋아해야만 해. 그렇지 않으면 그들은 나쁜 사람이야' 하고 생각하면 화가 나지만 '사람들은 어떤 때는 나를 싫어

할 수도 있어'라고 융통성 있게 생각하면 화가 덜 난다는 사실
을 경험하는 것만으로도 충분할 수 있다.

지나간 일의
무게로부터
가벼워질 것

끊임없이 나를 수용하는 것이 자존감 회복의 핵심임을 기억한다면 남의 탓, 환경 탓하며 수많은 시간을 낭비할 필요도 없게된다. '우리 부모는 나한테 그러면 안 됐어. 그것을 생각하면 아직도 나는 참을 수 없어'라고 여기면 남는 것은 오로지 분노뿐이다. 그런 분노 때문에 수많은 시간을 허비하는 사람들이 적지않다. 따라서 아직도 벗어나지 못한 과거의 상처가 있는지 돌아볼 필요가 있다.

　다행히 우린 과거를 바꿀 수는 없으나 과거에 대한 생각은 바꿀 수 있다. 그리고 '성숙하다'는 것에는 어린 시절의 경험에서 자유로워지는 것도 포함된다. 나아가 자신의 인생은 궁극적으로 자기가 선택한 것이라는 점을 받아들이고 그 책임을 지고자 노력해야 한다. 그것이 자기와의 관계나 남과의 관계에서 신뢰를 준다.

　현재에 집중하지 못하는 이상 우린 누구도 자신의 잠재력과 에너지를 제대로 발현할 수 없다. 에크하르트 톨레의 말을 빌리면 "우리의 모든 에너지들은 이 순간, 이 지점에 집중된다. 현재에 존재하는 데서 오는 에너지, 창의성 그리고 결의의 폭발이야말로 진정한 현재의 힘을 보여주기" 때문이다.

　현재의 힘이 중요한 이유는 바로 그런 순간의 선택이 모여서 우리 인생의 전체 그림을 완성하기 때문이다. 따라서 현재에 충실하다 보면 당연히 성공의 기쁨도 누릴 수 있다. 하지만 그것은 어디까지나 희망사항일 뿐, 현재에 집중하는 일이 그렇게 쉬운 것만은 아니다. 수많은 갈등과 번민, 신경증과 불안이 현재에 집중하는 힘을 가로막기 때문이다.

공자는 마흔을 가리켜 불혹의 나이라고 했지만 지환 씨는 그렇지 못 했다. 불혹은커녕 그는 마흔 살이 되면서 정신적으로 더 힘겨운 시기가 시작된 것 같다고 고백했다. 사업에 실패한 그는 자신도 모르게 낙담과 원망을 투사할 대상을 찾았다. 그 대상은 이미 이 세상에 있지도 않은 어머니였다.

지환 씨의 어머니는 그가 고등학생일 때 아버지 몰래 집안의 모든 재산을 빼돌려 젊은 남자와 도망쳤다. 그 후 아버지는 화병으로 세상을 등졌고 지환 씨는 작은아버지 집에서 남은 학업을 마쳐야 했다. 악착같이 아르바이트를 해야 했기에 그의 대학 생활에서 추억일랑 비집고 들어올 틈이 없었다. 다행히 그는 대학을 졸업하고 대기업에 취직해 좋은 여자를 만나 결혼도 하고 안정된 삶을 꾸렸지만, 위기의 순간에선 늘 어머니에 대한 원망과 분노가 떠올랐다.

어머니로 인해 힘겨웠던 젊은 날의 삶, 만약 그때 어머니가 가져가지 않았다면 지금 그에게 무척 도움이 되었을 돈, 결국 그 돈마저 다 날리고 남자에게 버림받아 혼자 죽어간 어머니의 인생 등을 생각하면 하루에도 몇 번씩 미칠 것 같은 심정이 되곤 했다.

그는 처연하게 말했다. "적어도 아들인 저한테는 그렇게 하면 안 되죠. 절 조금이라도 생각했다면 말이에요." 현재에 집중해야 할 힘을 과거에 대한 회한과 증오로 낭비하느라 그는 지칠 대로 지쳐 있었다. 그러다 보니 미래는 당연히 불안하기만 했다.

프리츠 펄스는 정신치료에서 '여기 그리고 지금의 삶'의 중요성을 주장한 정신의학자다. 그의 주장에 따르면 모든 살아 있는 유기체는 그것이 식물이든 동물이든 인간이든 본능적인 목표를 가지고 있다. 그것은 바로 자신의 본질과 일치하도록 자아를 실제의 모습으로 실현시키는 것이다.

예를 들어, 장미는 장미로서 그 자신을 실현하고 코끼리는 코끼리로서 그 자신을 실현한다고 펄스는 말했다. 만약 장미가 캥거루가 되고 싶어 하거나 코끼리가 새가 되고 싶어 한다면 어떻게 될까? 아마도 결코 이루어질 수 없는 헛된 기대와 갈등으로 죽을 만큼 괴로워하며 일생을 마칠 것이라는 게 그의 주장이다.

실제로 우리가 살아가면서 가장 크게 괴로워하고 갈등에 빠지는 이유 중 하나가 바로 '내가 아닌 내가 되고자 하는 욕망'

에 있지 않던가. 자신과 불화하는 욕망으로 인해 잠재력은 낭비되고 정신은 신경증에 걸리고 결국 인생에는 '손실되었음'이란 꼬리표가 붙고 만다면 이보다 더 비극적인 일도 없을 것이다.

그런데 펄스는 인간이 때로 그런 함정에 빠지는 이유 중의 하나가 현재의 힘을 무시하기 때문이라고 말한다. 내게 주어진 유일한 현실로서 '현재'에 초점을 맞추지 않고 이미 지나가버린 과거와 아직 오지도 않은 미래에 집중하다 보면 당연히 갈등에 빠지고 헛된 욕망으로 괴로워하게 된다는 것이다.

그는 "마치 아직도 과거 속에 있는 듯이 살아가는 사람, 미래가 오늘 벌써 와 있는 듯이 살아가는 사람들이 있는데 그런 경우 결코 균형 잡힌 성격을 가질 수 없다"라고 했다. 그들은 이미 지나가버렸거나 아직 오지 않아서 현실에 아예 존재하지도 않는 시간들을 위해 현재를 희생하고 있다는 것이다.

펄스의 주장에 따르면 정신적으로 건강하고 균형 잡힌 시각을 가진 사람은 자기 잠재력의 어떤 부분도 거부하거나 버리지 않는다. 정신적으로 건강하기 위해서는 과거에 대한 고착과 미래에 대한 불안에서 벗어날 필요가 있다. 우리가 과거에 매여 산다면 지환 씨의 예에서 보듯이, 일생의 어느 지점에 대해 지나치게 감상적으로 접근하거나 부모를 원망하게 될 수 있기 때문이다.

한편 미래에 대해 지나치게 불안을 느끼는 사람 역시 자기 운명에 낙담해 환경이나 다른 사람을 원망하거나 불운을 탓하며 자기 삶에서 도피하고자 한다. 따라서 현재에 집중하는 사람만이 그런 고착과 도피를 선택하는 대신 자신의 잠재력을 온전히 활용할 수 있는 것이다.

나는 지환 씨에게 고착화된 과거의 경험이나 미래에 대한 불안과 두려움이 우리에게서 얼마나 많은 잠재력과 에너지를 빼앗아 가는지에 관해 설명해 주었다. 이것이 상담의 효과다. 마음속으로 미워하는 것과 그것을 말로 표현하는 것은 다르다. 먼저 말로 표현하기 위해서는 자기 마음속에 어떤 감정이 있는지를 직시해야 하는데, 그것을 말로 표현하는 과정을 거치다 보면 자신도 모르게 자기의 감정과 경험을 객관적으로 볼 수 있다.

다행히 그는 이미 치유가 시작되고 있었다. 상담을 통해 이제까지 그 누구에게도, 심지어 아내한테조차 결코 말하지 않았던 자신의 어머니에 대한 이야기를 털어놓기 시작한 것이다. 덕분에 그는 마음속에 묻어둔 채로 점점 더 딱딱하게 굳어가던 과거의 사슬로부터 조금씩 풀려날 수 있게 되었다. 상담이 끝날 무렵에는 마침내 어머니에 대한 미운 감정에서도 놓여날 수 있기를 바라며.

까칠함과
무례함의
적정선을 지킬 것

인간관계는 대체로 누구에게나 어렵다. 생각을 해보라. 제2외국어를 배우는 것도 처음에 얼마간 열심히 할 때는 되는 것 같지만 바빠서, 피곤해서 며칠 건너뛰면 다시 제자리로 돌아간다. 하물며 나의 세상과 다른 사람의 우주가 만나는 인간관계가 쉬울리 있겠는가. 오죽하면 우주비행사 버즈 올드린이 '인간에게 남은 마지막 미개척 분야가 인간관계'라고 했을까. 어떤 의미에서는 우주여행만큼 힘든 것이 인간관계다.

간혹 까칠함과 무례함을 혼동하는 사람들이 있다. 우린 누구나 마음속에 있는 얘기를 마음껏 할 수 있기를 바란다. 하지만 그것이 상대를 무시하거나 모욕하는 말이어서는 안 된다. 무례함과 까칠함에 다른 점이 있다면 나 자신에 대한 예의, 나아가 다른 사람에 대한 존중을 품고 있다는 점이다.

내가 나에게 예의를 갖출 때 불필요하게 나를 연민할 필요도, 다른 사람과 비교하면서 자학할 필요도 없어진다. 싫으면서도 다른 사람의 말을 거절하지 못해서 끌려가거나 하지 않는 것이다. 내가 먼저 나를 위해주기 때문이다. 건강한 까칠함을 가진 사람은 물론 다른 사람에게도 예의를 지킨다. 스스로를 소중히 여겨서 보호하기를 게을리하지 않는 사람들은 다른 사람에게도 똑같이 대하려고 노력하기 때문이다. 그들은 내 것이 소중하면 남의 것도 소중하다는 사실을 알고 있다.

그 반대의 유형일수록 고지식한 원칙주의자가 많다. 유연성은 마치 물과 같아서 인간관계와 사회생활을 성공적으로 이끄는 데 꼭 필요한 요소의 하나다. 작은 실수에도 비난만 하거나, 늘 이편의 잘못을 꼭꼭 집어내는 것을 좋아할 사람은 아무도 없다. 자신은 나름대로 치밀하고 진지하다고 생각하지만 상대방이 보기에는 단지 공감과 배려의 능력이 부족한 것뿐이니까. 유연성 없는 사람들이 인간관계에서 자주 갈등을 일으키는 것도 그 때문이다.

만약 그런 문제로 인간관계가 삐걱거린다면 상대방의 입장이 되어볼 필요가 있다. 흔한 비유대로 '상대방의 모카신을 신고 1마일을 가보기 전에는 그에 대해서 말할 수 없는 법'이기 때문이다. 사람은 누구나 이기적이고 자기중심적으로 살 수밖에 없는 존재다. 그런 점에서 우린 모두 피해자이자 가해자다. 실제로 임상에서 상담의 기본은 내가 피해자이지만 가해자일 수도 있다는 것을 받아들이는 과정이다.

그 생각을 조금 넓혀서 남들도 나와 같다는 걸 알아야 인간관계가 풀린다. 물론 '저 사람이 내 본심을 알면 어떻게 하지?' 하고 염려할 수는 있다. 그럴 때는 '내 본심 좀 알면 어때?'라고 쿨하게 생각하라. 상대방 역시 내가 생각하는 것과 비슷한 생각을 할 때가 분명 있을 것이기에, 그렇게 생각하면 인간관계에서 상대방에게 무모한 기대치를 갖지 않을 수 있다.

인간관계는 날씨와 같다는 사실도 받아들여야 한다. 살다 보면 햇살 환한 날이 있는가 하면 구름이 잔뜩 낀 날도 있기 마련이다. 보슬비가 내리는 날도 있고 비바람이 치고 폭우가 쏟아지는 날도 있다. 우린 날씨에 대해서는 하늘에 대고 불평을 할지언정 있는 그대로 받아들이고 대비를 한다. 그런데 인간관계에 대해서는 자신이 완벽해야 한다고 여긴다면 그 또한 오만이지 않겠는가. 날씨처럼 인간관계도 이런 날도 있고 저런 날도 있다고 생각해야 한다. 평소에 좋은 사람도 그 사람의 기분에 따라 상황이 달라질 수 있다. 예를 들어, 내가 인사를 했는데 안 받아준 경우에는 '나를 못 봤구나, 자기 고민이 있구나' 하고 넘어가면 된다. 퇴근하고 오니 얼굴을 보자마자 남편이 잔소리를 해댄다면? '아, 이 사람이 지금 피곤하구나' 하고 생각하면 화가 덜 난다. 그렇지 않고 같이 맞대응을 하게 되면 작은 말싸움이 커지는 것은 시간문제다.

그처럼 인간관계를 힘들어하는 사람들은 상대방의 반응 하나하나에 상처를 받으며 에너지를 낭비한다. 따라서 대인관계에도 나의 에너지를 어떻게 쓸 것인가를 따져보는 효율성이 필요하다. 우리가 비 오는 날씨에는 우산을 준비하듯이 인간관계도 상황에 따라 일정한 기술과 대응력이 필요한 이유다.

우린 운전이나 그 밖의 다른 것에는 테크닉이 필요하고 연습이 필요하다는 것을 안다. 그러나 인간관계는 그렇게 여기지 않는 경우가 많다. 심한 경우에는 그냥 내 성질대로, 나 하고 싶은 대로 하는 것을 솔직함이라고 착각까지 한다. 그래서는 곤란하다. 그런 생각을 하는 순간부터 벽이 생기고 그 벽을 깨는 순간부터 인간관계가 풀려나가기 때문이다.

앞서 배운 것처럼 지나친 생각들이 나를 괴롭힐 때면 딱 1분간만 그 생각을 멈추어보라. 그런 다음에는 그 생각이 그저 스쳐 지나가게 내버려두자. 그런 훈련을 거듭하다 보면 곧 내가 판단의 잣대를 들이댈 만한 일이 세상에는 그다지 많지 않다는 사실을 깨닫게 될 것이다.

거절은
부드럽지만
단호하게

사람들이 대인관계에서 가장 힘들어하는 것 중의 하나가 거절의 문제이다. 누군가에게 뭔가를 부탁하는 것이 쉬운 경우는 절대 없다. 나를 포함해서 대부분의 사람들은 머릿속으로 수십 번의 시뮬레이션을 거친 끝에야 간신히 행동으로 나선다. 상황이 그렇다 보니 부탁을 거절당하는 순간의 당혹스러움과 부끄러움은 도저히 말로는 표현이 되지 않을 정도다. 행여 그런 순간을 맞게 될까 봐 행동으로 나서지 못하고 더욱 시간을 끌면서 시뮬레이션에만 열중하는 경우마저 있다.

물론 우리 주위에는 다른 사람이 뭘 원하는지 전혀 상관하지 않고 자기가 하고 싶은 것을 당당하게 요구하는 것처럼 보이는 사람들도 많다. 더욱 재미있는 것은 상대방이 그렇게 당당하게 뭔가를 요구하면 이 편에서는 당연하게 들어줘야 할 것 같은 착각을 불러일으킨다는 점이다. 만약 들어주지 못하면 다른 때보다 죄책감도 더 크게 느낀다. 그래서 영화나 드라마의 서브 캐릭터 중에는 그런 인물들이 단골로 등장하기도 한다. 대개는 가벼운 코미디로 끝나는 것도 비슷하다.

하지만 그들도 뭔가 중요한 부탁을 할 때는 결코 아무렇게나 하지 않는다. 역시 심각하게 고민하고 갈등한다. 그것을 아는 이상 누군가의 부탁을 거절해야 하는 상황에 놓이는 것은 더욱 어렵다. 게다가 누군가의 표현처럼 적에게조차 칭찬을 듣고 싶은 것이 인간의 마음이다. 그러다 보니 더욱 거절을 하는 것이 힘겹게 느껴진다. 나를 미루어 남을 생각해 봐도 내가 부탁을 거절하면 상대방이 상처를 입을 것이 뻔하니 쉽게 그렇게 하기가 어려운 것이다.

그동안 이어온 관계가 깨질까 봐 거절을 못하는 사람 중에는 할 수 있는 한 미적대면서 답변을 늦추는 경우도 많다. 그러나 불가피하게 거절을 해야 하는 상황이라면 일단 빠른 시간 안에 간결하고 명료하게 거절 의사를 밝히는 것이 가장 좋다. 그런데도 우리는 상처 입은 상대방이 나를 싫어할 것이 두려워 거절을 못하고 내 힘에 부치는데도 어쩔 수 없이 계속 부탁을 들어주기도 한다. 문제는 그런 일이 이어지다 보면 나한테 그런 짐을 지우는 상대방뿐 아니라 자신에게도 화가 나기 시작한다는 것이다.

다른 사람이 나의 평판을 나쁘게 말하는 것이 직접적으로 내 귀에 들어오는 경우는 그다지 흔치 않다. 하지만 내가 나 자신에게 화를 내면서 못마땅하게 여기는 것은 내 눈앞에 펼쳐지는 현실이다. 괴로움도 그만큼 크다. 그러니 나는 어떤 것을 택할 것인가?

대부분의 경우 상대방은 내가 자신의 부탁을 거절하면 상처를 입긴 하지만 현실을 있는 그대로 받아들인다. 그것은 나도 마찬가지다. 그러므로 거절에 대한 두려움은 일단 접어둘 필요가 있다. 그런 다음에는 그냥 즉각적으로 간결하고 명료하게 나의 입장을 전달하는 것이다.

거절은 천천히 하라고 말하는 사람도 있지만 그러면 상대방은 기대를 키웠다가 더 실망하기 마련이다. 그동안의 내 경험을 봐도 그렇고 많은 사람들로부터 얘기를 들어봐도, 미적대고 대답을 미루는 것은 가장 안 좋은 거절 방법 중 하나다. 그래서 나는 들어줄 여지가 있는 일은 하루 정도 생각한 다음에 내 의사를 표현한다. 그렇지만 거절해야 마땅하다고 생각하는 일은 될 수 있으면 빨리 한다. 그럴 땐 중언부언할 필요도 없다. 사람들은 항상 자기에게 유리하게 생각하므로 나는 거절이라고 했는데 상대는 오케이라고 받아들여 더욱 입장이 곤란해지는 경우가 생겨날 수도 있다. 그러니 그냥 "미안해. 내 입장에서는 그 부탁은 들어줄 수 없어"라고 명확하게 말하는 것이 가장 낫다.

그러한 법칙은 거절뿐만 아니라, 상대방에게 싫은 소리나 쓴소리를 해야 할 때도 똑같이 적용된다. 상담을 해보면 리더의 입장에 있는 사람들도 조직원들에게 싫은 소리 하는 것을 몹시 힘들어하는 경우가 많다. 그러다 보니 본의 아니게 완곡히 에둘러 말하고 나서는 왜 상대방이 제대로 알아듣지를 못하는지 모르겠다고 한다. 소소한 일에서도 그러면 조직이 제대로 돌아가기 어려운 법인데 큰 변화를 앞두고 그러는 임원들도 더러 있다. 그런 경우 어떻게 말했는지 그대로 나한테도 해보라고 주문하면 내 입에서 나오는 말은 십중팔구 "그렇게 돌려 말하면 나도 못 알아들을 것 같군요"일 때가 많다. 그때마다 나는 상대방한테 자신의 의사를 전달할 때 포인트는 딱 두 가지, 즉 '부드럽지만 단호하게, 그리고 간결하고 명료하게'가 되어야 한다고 말하곤 한다.

그 말을 현장에서 실천한 임원들이 들려주는 후일담은 대체로 긍정적이다. '놀라운 경험이다, 그동안은 팀원들이 나를 싫어할까 봐 할 말을 제대로 하지 못했는데 부드럽지만 단호하게 의견을 전달하자 오히려 팀원들이 더 좋아하는 것 같다, 그동안 그들도 도무지 내가 무엇을 원하는지 명확하게 알 수가 없어서 혼란스러웠는데 이제는 아니라고 한다, 커뮤니케이션이 명쾌해지니 생산성이 오르고 있다' 등등.

그러고 보면 내 경험을 봐도 그렇고 위에 든 임원들의 사례를 봐도 그렇고 가장 부질없는 것이 다른 사람이 나를 어떻게 생각할까 전전긍긍하는 게 아닐까 싶다. 언젠가 「두 번째 스무

살」이란 드라마를 보다가 여자 주인공의 말에 깊이 공감한 적이 있다. 홀로서기에 성공하기 위해 매우 힘들게 애쓰면서 그녀가 한 말은 다음과 같았다.

"남의 기준에 맞춰 사는 거 이제 그만할래. 그런 거 아무 의미 없어."

정말 그렇다. 거절을 하든 싫은 소리를 하든 중요한 것은 내 기준에 맞추는 것이다. 그것만이 의미를 지니고 또 유용하다. 또 하나, 내가 남의 인생에 해줄 것이 많지 않다는 사실을 일찍 깨닫는 것이 필요하다. 그런 의미에서 불필요한 간섭이나 조언은 가장 피해야 할 일의 하나다. 불필요한 간섭이나 조언으로 상대방을 고칠 수 있는 방법은 전혀 없기 때문이다.

다른 사람들에게 친절한 방법은 딱 반 발자국만 더 나가고 딱 반 발자국만 더 도와주는 것이다. 물론 나 역시 그건 쉽지 않은 일이긴 하다. 오지랖이 넓다는 것이 내 큰 고민거리 중 하나이기 때문이다. 하지만 우린 생명이기에 에너지에도 한계가 있다. 그러므로 우선순위를 정하는 것이 중요하다.

딱 반걸음만 더 도와주는 것. 내가 정말 변화시킬 수 있는 것과 그럴 수 없는 것을 구분한 뒤 에너지를 효율적으로 사용하는 이 방법이 고민 끝에 내가 정한 법칙이다.

인간관계에도
가지치기가
필요하다

소셜 네트워크를 추앙하는 사람들이 있다. 그들은 일단 스마트폰에 전화번호가 많이 저장되어 있을수록 자신이 잘하고 있다고 생각한다. 모든 SNS에 가입했을 뿐 아니라 그 활동도 매우 활발하다. 시간을 쪼개서 여기저기 모습을 드러내는 모임도 많다. 나로서는 도저히 따라가기 어려운 면이지만 한편 부럽기도 하다. 그런 저런 활동을 하기 위해서는 대단히 부지런해야 한다.

무엇보다 그 부지런함이 부러운 것이다.

　나는 단체 대화방에서 활동하는 것조차 벅찬 사람이다. 그곳을 이용하는 것 역시 깜짝 놀랄 정도로 부지런하지 않으면 안된다는 사실을 깨달았기 때문이다. 특히 사람들이 그렇게 밤새도록 잠도 자지 않으면서 자기 이야기를 쏟아내는 모습을 지켜보는 것은 분명 새로운 경험이었다. 자기를 자랑하는 사람, 그런 사람을 비웃는 사람, 아무것도 아닌 일에 화를 내고 나가는 사람 등. 그러다가 얘깃거리가 떨어지면 다른 사람들의 가십부터 시작해 별별 음모론까지 잔뜩 올라오는데, 밤새 그 알람 소리에 잠을 이루기가 어려웠다.

　그렇다고 나가면 누가 퇴장했다고 뜨니 나가기도 쉽지가 않다. 그런 경우 남은 사람들이 십중팔구 그 사람을 험담하기 때문이다. 나도 한동안 그런 처지에 놓일까 두려워서 그냥 눌러앉아 있곤 했다. 하지만 그것도 하루 이틀이지 사람이 할 짓이 아니란 생각이 들어서 차라리 험담을 당하는 쪽을 택했다. 그때의 해방감이란!

　내가 사는 아파트에는 주민들의 전용 빨래방이 있어서 나도 가끔 그곳을 이용하곤 한다. 그동안은 빨래를 세탁기에 집어넣고 나서는 끝날 시간쯤에 다시 가보곤 했다. 그런데 오가다 보니까 의외로 빨래가 끝날 때까지 자리를 지키는 사람들이 더러 있었다. 왜 그럴까 의문이 들었는데, 어느 날 내가 그렇게 해보니 너무 좋았다. 내가 머무르는 동안 그곳은 오로지 나만의 시간과 공간이 되어주었던 것이다. 그 자유와 해방감이 나를 더없이 편하게 했다.

그러면서 우리는 자신에게 그런 자유를 허락할 의무가 있다는 생각마저 들었다. 나는 인간관계에서도 마찬가지라고 생각한다. 스마트폰에 저장된 많은 사람들과 얼마나 친밀한 관계를 유지할 수 있을 것 같은가? 단지 그들을 알고 있다는 안도감만 줄 뿐이다. 요즘은 인테리어에서도 불필요한 짐을 다 정리해서 공간을 확보하는 것이 강조되고 있다. 인간관계도 때로는 그처럼 정리가 필요하다.

언젠가 아이를 소위 말하는 좋은 집안의 아이들이 다니는 학교에 보내야 한다고 열변을 토하는 엄마를 만난 적이 있다. 계층이라고 하는 것이 위로 올라갈수록 폐쇄적인 속성을 지니고 있어서 그런다고 나중에 인맥이 형성되는 것은 아니란 점을 말해주고 싶었다. 하지만 그 엄마의 열성에는 당할 수 없을 것 같아서 그만두고 말았다. 주위에 가끔 그렇게 인맥 관리에 열을 올리는 사람들이 있다. 그들을 보면 '아, 이 사람은 인간관계를 과시용이나 활용 목적으로만 생각하는구나' 하는 생각밖에 들지 않는다.

그러나 인간관계는 그들이 생각하는 것만큼 녹록하지 않다. 오히려 냉정하다고 보는 편이 옳다. 아주 친밀하고 깊은 관계가 아니고서는 나에게 필요하면 그 관계를 유지하는 것이고 아니면 아닌 것이다. 나는 아직까지 자신에게 불필요한 사람들까지 시간을 내어 만나주는 사람을 거의 보지 못했다. 남자들 중에서 은퇴하고 나니 모든 인간관계가 사라지더라 하고 말하는 사람들이 종종 있다. 잘나갈 때는 주위에 밀물처럼 몰려들던 사람들이 그 자리에서 물러나니 썰물처럼 빠져나가더라는 것이다. 그러면서 그 허탈감과 상실감을 감당하기가 몹시 어렵다고 털어놓기도 한다.

그들을 보면서도 인간관계에는 가지치기가 필요하다는 것을 실감한다. 불필요한 인간관계에 시간과 몸과 돈을 투자하다가 뒤늦게 후회하지 말고 그 대신 나와 늘 스물네 시간을 함께

하는 나 스스로에게 모든 것을 투자하는 것이 차라리 낫겠다는 생각마저 들 때도 있다.

백이면 백 사람 다 잘할 수는 없다. 평생을 같이 가는 사람은 한두 사람뿐이다. 이 세상에 내가 원하는 것을 다 해주는 사람도 없고 내 마음에 드는 사람도 없고 나를 이해해 주는 사람도 거의 없다고 보면 된다. 한 사람만 있다면 성공한 셈이고, 그 사람도 항상 그렇지는 못하다는 것을 받아들여야 한다. 나도 내가 항상 마음에 안 들고 내가 원하는 대로 안 되는데 그걸 왜 남에게 바라는가.

평소의 인간관계에서 중요한 것은 상대방을 존중하면서 건강한 거리감을 유지하는 것이다. 서로를 힘들고 피곤하게만 하는 사이라면 자주 보지 않는 쪽을 선택하는 것도 좋다. 백 퍼센트 유지되는 인간관계를 원하기에 힘든 것이다. 그보다는 자기 특성에 맞게 해나가면 된다.

내가 어떤 선택을 하든 반드시 버리는 쪽이 있기 마련이다. 버리는 것에 대한 마음까지 수용하는 것이 선택이다. 두 마음을 다 가지려는 것이 문제다. 그냥 편안하게 하고 싶은 말을 할 수 있고, 상대방의 피드백에 따라서 나의 상태를 컨트롤할 수 있는 관계가 아니라면 거리를 유지하는 것도 필요하다. 그것이 건강한 까칠함이다.

굳이
나까지 나설
필요는 없다

우린 누구나 남의 사생활을 궁금해한다. 특히 남의 험담이나 소문을 입에 올릴 때는 일종의 쾌감마저 느끼는 것이 인간의 본모습이다. 도덕군자나 성인이 아닌 다음에야 그런 쾌감에서 자유로울 수 있는 사람은 거의 없다고 봐야 한다. 다만 이 세상 모든 유혹이 다 그러하듯이 어느 정도 선에서 멈출 수 있느냐가 더 중요하다고 할 수 있다.

일반적인 정서를 가진 평범한 사람이라면 적어도 누군가에게 상처가 되거나 가시가 되는 험담은 하지 않으려고 노력한다. 절제하지 못하고 끝까지 가면 고약하고 심술궂은 인간이 되는 것은 시간문제이기 때문이다. 더 이상 소문을 확대 재생산하는 일에도 웬만해선 끼고 싶어 하지 않는다. 잘못된 소문이나 험담이 당사자에게 어떤 상처를 줄지 잘 알기 때문이다.

반면에 남의 상처에 쉽게 흥분하고 몰두하는 사람들에게는 한 가지 공통점이 있다. 기세등등한 겉모습과는 달리 내면에 두려움과 불안, 적개심과 열등감이 가득 차 있는 것이다. 남에 대한 험담은 그것을 가장 쉽게 분출하는 방법의 하나다.

프로이트는 우리가 남에 대해 말로 공격성을 푸는 것을 '구강공격성(oral aggression)'이라고 했다. 아이들이 엄마 젖을 빨다가 꽉 깨무는 것처럼 우리 안에 그런 공격성이 있는데, 성인이 되면 그것이 주로 남에 대한 비난과 욕으로 나타난다는 것이다. 그러므로 누가 자신에 대해 안 좋은 이야기를 한다 싶으면, '아하, 그 사람의 구강공격성이 발동했구나' 하고 생각하면 마음이 조금은 편해진다.

남의 험담에 상처받는 것은 사람들이 나에 대해 객관적으로 판단하리라고 기대하기 때문이다. 하지만 그런 기대는 일찌감치 접는 게 좋다. 그 사람의 평판이 어떠하든 내게 잘해주면 좋은 사람이고, 내 부탁을 거절하면 안 좋은 사람으로 분류하는 것이 사람 마음이다.

한번은 인간관계에서 매너를 지키되 불필요한 부탁은 하지 말고 받지도 말자는 신조를 지켜온 사람과 알게 되었다. 그가 잠깐 어려움에 빠졌을 때의 일이다. 뒤에서 그를 험담하는 사람들이 생겨났다. 그런데 그 이유가 단지 그가 그동안 자신들의 부탁을 들어주지 않은 것에 대하여 앙심을 품고 있었기 때문이란 사실이 밝혀졌다. 그는 충격을 받고 어떻게 사람들이 그럴 수가 있느냐고 분개했지만 그럴 수도 있는 것이 사람의 마음이다.

그러므로 남이 누군가에 대해 안 좋은 이야기를 전하면 '아하, 두 사람 사이에 그냥 좋지 않은 일이 있었구나' 하고 생각하면 그만이다. 누가 나에 대해 안 좋은 이야기를 한다고 해도 마찬가지다. 한 귀로 듣고 한 귀로 흘리는 것이 좋다. 물론 자신에게 안 좋은 이야기나 소문이 돈다는 것을 알 때 그것을 이겨내기란 쉽지 않은 일이다.

가르시아 마르케스의 『콜레라 시대의 사랑』을 읽다가 재미있는 구절을 발견한 적이 있다. "그 도시에 처음으로 전화가 가설되자 안정된 것처럼 보이던 여러 부부가 익명의 고자질 때문에 파경을 맞았다"라는 것이다. 아마 그 도시에도 지나치게 남의 일에 몰두하는 사람들이 꽤 많았던 모양이다.

그런데 우린 지금 개인의 가십을 포함한 온갖 정보가 사이버 공간 안에 넘쳐흐르는 시대에 살고 있다. 가십은 끝없이 확대 재생산되면서 당사자들을 괴롭히기 일쑤다. 덴마크의 철학자 키르케고르는 말했다.

"개인에게는 양심이 있지만 집단에게는 양심이 없다."

그것이 바로 군중심리다. 그리고 우린 인터넷 세상에서 그 폐해를 직접 목도하고 있다.

실제로 잘못된 정보로 인해 피해를 당하는 사람들의 숫자는 이루 헤아릴 수 없다. 누가 무슨 잘못을 어떻게 했다더라 하는 소문에 따라 그 당사자의 신상을 하나부터 열까지 자세하게 알아내는 일이 아무렇지도 않은 세상이 되었다. 그와 같은 정보가 온 나라에 퍼져나가는 데도 많은 시간이 걸리지 않는다. 수많은 사람들이 소셜 네트워크로 정보를 퍼나르고 또 전달하기 때문이다.

한마디로 이제는 더 이상 나를 감추고는 살아갈 수 없는 세상이 되었다. 내가 무엇을 하든 나의 의지와는 상관없이 세상에 다 알려진다는 생각을 가지고 살아야 하는 시대가 온 것이다. 이건 마치 거대한 유리 돔 아래서 아무런 차폐물도 없이 모든 걸 다 드러내놓고 사는 것이나 다름없다. 나뿐만 아니라 모두가 다 그러하니 딱히 어디다 하소연할 데도 없는 형편이다. 요즘 젊은 세대는 어떨지 몰라도 나이 든 세대는 아무래도 당혹스러운 일이 아닐 수 없다. 그렇다고 그런 생각을 마음대로 표출하기도 어렵다. 뭘 모르는 구세대로 낙인찍히는 것이 고작이기 때문이다.

상황이 그러하므로 무엇보다도 중요한 일은 자신만의 가치관을 굳건히 해나가는 것이 아닌가 싶다. 이 모든 상황에 대해 어떻게 대응하고 판단할지에 대한 나만의 분명한 기준이 있어야 하는 것이다.

단순히 측은지심에서 비롯된 오지랖은 대개 긍정적인 결과를 가져온다. 반대로 가십이나 소문에 대한 지나친 관심은 부정적인 결과밖에 가져올 것이 없다. 그런 점에서 나만의 소신을 갖는 것도 그리 어려운 일은 아니다. 나까지 나설 필요가 있는 일에는 용감하게 나서고 아닌 일에는 과감히 관심을 거두는 것. 그것이 가장 현명한 처사가 아닐까 싶다.

그래도 나는
사람을
믿기로 했다

많은 사람들이 상담을 하면서 빠뜨리지 않는 이야기가 몇 가지 있다. 그중 하나가 '도무지 내 마음 같은 사람이 없다'는 것이다. 내 마음 같다는 것은 무엇일까? 상대방이 언제 어디서나 내가 원하는 것을 척척 알아서 해결해 줄 때 우린 내 마음을 알아주는 사람이라는 표현을 쓴다.

그 정도가 지나쳐서 이분법적인 사고를 갖고 있는 사람들도 있다. 내게 잘해주면 좋은 사람이지만, 내 부탁을 들어주지 않거나 내가 원하는 만큼의 관심과 배려를 보여주지 않으면 나쁜 사람이라는 식으로. 문제는 그런 사람들 곁에는 좋은 사람이 거의 없다는 것이다.

그런데 생각해 보면 내 인생을 살아가는 주체인 나도 내 마음에 안 들 때가 많다. 상담하면서 사람들이 빠뜨리지 않는 또 하나의 주제 또한 자신이 마음에 안 든다는 것이다. 나만 해도 그렇다. 건강을 위해서는 규칙적으로 운동을 해야 한다는 걸 잘 안다. 무슨 일이 있어도 운동은 빠뜨리지 말자고 굳은 결심도 한다. 하지만 실제로 운동을 하는 건 하루이틀뿐, 사흘째부터는 흐지부지되고 만다. 나는 그런 내가 마음에 안 든다. 물론 그 밖에도 마음에 안 드는 구석이 한두 가지가 아니지만 나만 그런 것은 아니라는 걸 위안으로 삼고 있을 뿐이다.

사람들은 "남들이 다 내 마음 같은 줄 알았다가 상처를 입곤 한다"라는 말을 한다. 물론 그 말은 사실에 가깝다. 상대방이 내 마음 같으리라고 믿고 행동하는 이상 우린 인간관계에서 상처를 받게 되어 있다.

우린 내 부모도 마음에 안 들 때가 많다. 그래서 아이들이 어릴 적에 지금의 부모는 진짜가 아니고 어딘가에 완벽한 내 부모가 있을 것이라는 환상을 품는 건지도 모른다. 그뿐인가. 내가 낳은 내 아이도 마음에 안 들 때가 한두 번이 아니다. 하물며 나와 다른 남은 말해 무엇 하랴. 그들 모두가 내 마음에 드는 경우는 거의 없다고 봐야 한다. 따라서 인간관계는 '내 마음 같은 사람은 없다. 내가 만나는 사람은 나와 다른 사람이다'라는 사실을 받아들이는 데서 시작해야 한다.

그런데도 왜 우린 사람들이 다 내 마음에 들어야 한다고 생각하고 또 그렇지 않다면서 실망하는 것일까? 여기에는 두 가지 심리적 원인이 있다.

첫 번째 원인은 다른 사람들도 다 내 관점에서 세상을 바라봐야 한다는 마음이다. 우리가 보는 세상은 내가 경험한 것에 따라 다르게 보이게 되어 있다. 말 그대로 사람들은 자기 관점으로 모든 것을 보기 마련이다. 쉬운 예로 우산 장수에게는 비오는 날이, 짚신 장수에게는 화창한 날이 대목인 것이다. 그런 식으로 사람들은 다 자기 관점, 자기 경험, 자기 콤플렉스에 의거해서 세상과 사람을 본다.

나 역시 언젠가 강의를 하러 가서 황당한 경험을 한 적이 있다. 한 조직에 여러 번 강의를 나간 적이 있는데, 그 조직의 대표가 나를 만나고 싶어 했다. 강의를 주관한 교수의 안내로 그를 만났다. 그런데 그 사람이 나를 보자마자 꺼낸 첫마디가 "왜 이렇게 키가 작으십니까?"였다. 그런 줄 몰랐는데 놀랍다는 투였다. 아마도 방송에 출연한 나를 실제보다 크게 본 모양이다. 그런데 화면과 다르게 너무 작다나.

나도 그랬지만 나를 안내한 교수는 당황해서 어쩔 줄을 몰라 했다. 재미있는 것은 그렇게 말하는 당사자 역시 키가 무척 작았다는 것이다. 아마도 그는 자신의 키에 콤플렉스가 있는 모양이었다. 그런 경우 자신의 모습 중 싫어하는 면을 가진 사람을 더욱 싫어하기 마련이다. 마치 못난 자신을 보는 것 같기 때문이다.

다행히 나는 내 키가 작은 것에 대해서 그다지 콤플렉스가 없는지라 그의 태도에 크게 상처를 받지는 않았다. 하지만 만에 하나 그렇지 않았더라면 모르긴 해도 나는 그에 대해 억하심정을 품었을 것이다.

요리를 잘하는 사람은 요리를 못하는 사람을 우습게 본다. 옷

입는 것을 좋아하는 사람은 옷을 잘 입지 못하는 사람을 우습게 본다. 쇼핑을 잘하는 사람은 쇼핑을 못하는 사람을 우습게 본다. 그런 식으로 사람들은 자신과 다른 삶을 사는 사람은 세상을 달리 본다는 것을 받아들이지 못한다. 그러므로 '왜 내 마음 같은 사람이 없지?'가 아니라 '내 마음 같은 사람들이 없기 때문에 세상이 굴러간다'로 생각을 바꾸는 편이 좋다.

실제로 외국에서는 조직을 구성할 때 일부러 서로 다른 경험, 서로 다른 생각을 가진 사람들끼리 한 팀을 이루도록 하는 경우가 많다. 그래야만 같은 문제라도 서로 다른 시각에서 바라볼 수 있기 때문이다. 그런 다양한 시각들이 모일 때 비로소 문제 해결의 실마리를 찾을 수 있는 법이다.

두 번째 원인은 자기의 모든 것을 사람들이 이해해 주기를 바라는 심리에서 기인한다. 사람들이 인간관계에서 상처를 입는 것 중 하나가 언제나 자기를 이해해 주고 다독여줄 사람이 없다는 것이다. 그런데 그런 경향이 좀 더 강한 사람들이 있다. 그들의 이야기를 들어보면 언제나 자기 자신을 상대방이 이해해 주기를 바라며, 행여 그것이 이루어지지 않을까 두려워져서 상대방을 시험해 보는 경우가 많다.

이혼한 남편과 몇 년 만에 재결합을 약속한 여자가 상담을 받으러 왔다. 다시 잘 살 수 있을지 두렵다는 것이었다. 그런 불안감 때문에 상대방의 일거수일투족에 예민하게 신경을 쓰면서 자신도 모르게 화를 낸다고 했다. 그러다가 다툼이 생기면 결국에는 "그럴 거면 우리 다시 합치지 말자"라는 말을 하게 된다는 것이다. 그럼 상대방도 "그럼, 그러지 뭐"라는 반응이라고 한다. 자기가 원하는 것은 "아니다, 나에게는 당신밖에 없다"라는 위로의 말인데 어떻게 그렇게 냉담할 수 있느냐며 하소연했다.

우리 속담에 "가는 말이 고와야 오는 말이 곱다"라는 말이 괜히 나온 말이 아니다. 사람들은 상대방이 나를 공격하면 거기에 맞서 자기를 보호하게 되어 있다. 그러므로 내가 험한 말을 하면서 상대방이 내 말 뒤에 숨은 의도를 알아채기를 바랄 수는 없다. 그건 마치 아이들의 반항 심리와 비슷하다. 사춘기 아이들은 반항하면서 부모들이 얼마나 자기를 사랑하는지 확인한다. '얼마만큼 나를 받아주고 이해해 줄 수 있는지 보여주세요'라고 태도와 행동으로 표현하는 것이다.

심리적으로 성숙하지 않은 사람일수록 사춘기 아이들처럼 상대방에게 거는 기대치가 크다. 아직도 환상 속에서 산다고나 할까? 거듭 말하지만 이 세상에 내가 어떻게 하든 나의 모든 것을 받아줄 사람은 아무도 없다. 하물며 부모조차도. 그러니 인정받고 싶으면 인정받을 수 있게 해야 한다. 그것이 인간관계의 기본법칙이다.

"열 손가락 깨물어 안 아픈 손가락이 없다"라는 말은 인간관계에서는 거짓말이다. 내게 잘하는 자식이 더 예쁜 법이다. 내가 어떤 행동을 하더라도 있는 그대로 받아줄 사람은 없다는 것을 알 때 우리는 비로소 건강한 까칠함을 실천할 수 있다.

Chapter 4

누구에게도 휘둘리지 않는
내가 되기 위하여

못난 나와도
마주하는
용기

―――――

나의 임상경험에 의하면 대부분의 사람들은 자신이 누구인지에 대해서는 별로 관심이 없다. 그보다는 자신이 어디로 가야 하는지에 대해서만 관심을 갖는다. 그러나 사실은 그 반대가 되어야 맞다. 내가 누구인지, 어떤 모습인지를 먼저 알아야만 나아갈 방향도 정할 수 있기 때문이다.

성경에도 이에 관한 재미있는 일화가 있다. 예수의 제자가 되기를 바라는 사람이 예수를 찾아왔다. 예수가 그를 보고 "무엇을 구하느냐"라고 질문하는데 그는 예수에게 "어디에 계십니까?"라고 묻는다. 역시 자신이 누구인가 하는 진짜 문제보다는 방향성을 찾는 인간의 모습이 투영된 것이다.

언젠가 자녀 문제로 나를 찾아온 부모가 있었다. 아버지는 사회적으로 성공한 사람이었고 그것에 대한 자부심도 컸다. 혼자 힘으로 필사적으로 노력해 지금의 위치에 올랐으니 그럴 만도 했다. 그동안 자신이 감내해야 했던 고통은 오직 신만이 알 것이라고 그는 말했다. 그러니 그 앞에서는 '웬만큼' 노력하는 것은 전혀 빛이 나지 않았다. 그건 자식들도 마찬가지였다. 그가 보기에 아들은 '아버지 덕분에 편히 살면서 흥청망청 돈이나 쓰는 게 취미인 위인'이었다. 그 아들이 하라는 공부는 안 하고 음악을 하겠다고 나섰을 때 그의 표현에 의하면 "미치는 줄 알았다."

처음에 그는 자식 일에 아예 상관하지 않는 것으로 분노를 표현했다. 그러다가 더 이상 미움을 참을 수 없는 순간이 오자 분노는 언어적, 신체적 폭력으로 바뀌었다. 그런 아버지에게 아들은 결국 마음의 문을 닫았다. 아들 역시 아버지가 싫어하는 행동으로 자신의 분노를 나타낸 것이다.

첫 상담 시간에 분노로 가득 찬 아버지의 무서운 표정을 보니 나도 얼어붙는 느낌이었다. 그의 그런 모습은 심리검사에서도 고스란히 나타났다. 검사 결과 그는 비정할 정도로 인간관계에 냉정하고 자기중심적인 사람이었다. 상담 과정에서도 그는 여지없이 아이에 대한 분노와 인간에 대한 무관심을 드러냈다. 사람들과의 대화에서도 그는 오로지 논리적인 것에만 집중했으며, 그것이 옳은가 그른가 하는 것만이 중요했다.

우리는 흔히 자신의 감정을 드러내고 싶지 않을 때 논리적으로 접근한다. 어찌 보면 그렇게 해서 자기를 보호한다고, 매우 잘하고 있다고 생각할 수도 있다. 하지만 실제로는 그 반대다. 해결되지 않은 감정은 그대로 내 안에 남아 있기 때문이다. 그리고 그것은 때로 언어적, 신체적 폭력이나 충동적인 행동으로 나타난다.

이 경우 부모 자식 간의 갈등을 풀기 위해서는 먼저 해결해야 할 일이 있다. 자기 자신이 어떤 사람인지, 무의식은 어떠한지, 인간관계에서는 어떤 패턴을 보이는지를 알아야 하는 것이다. 그렇게 해서 자신의 냉정함은 고치고 완벽주의는 보완하게 되는데, 그런 과정을 거치다 보면 자신도 모르게 아이를 있는 그 대로 이해하고 받아들이는 능력도 생겨난다.

그런데 왜 우린 자신이 누구인지 알아가는 과정을 그토록 어려워할까?

첫 번째는 자신의 진짜 모습을 알아가는 일이 쉽지 않기 때문이다. 많은 학자들이 인간을 우주에 비유하곤 한다. 맞는 말이다. 한번 자기 안을 들여다보라. 얼마나 많은 생각, 감정, 기억들이 소용돌이치고 있는가. 그리고 자기를 다스리는 것 또한 얼마나 어려운가. 그래서 많은 학자들은 인간을 아는 것이 우주와 자연의 원리를 알기 위한 과정이고, 반대로 우주와 자연의 원리를 알면 인간을 이해할 수 있다고 하는 것이다. 소크라테스가 "너 자신을 알라"라고 그렇게 부르짖은 것도 다 그 때문이다.

두 번째는 안다고 해도 자기를 다스려나가는 것이 쉽지 않기 때문이다. 인간의 본성은 자기에게 익숙한 것을 추구하게 되어 있다. 그러므로 자기를 바꿔나간다는 것은 자기의 본성을 거스르는 일이다. 쉽지 않은 것이 당연하다. 그러나 문제는 내가 나를 바꾸지 않으면, 즉 내 편에서 세상에 적응하려는 노력을 하지 않으면 언젠가는 세상이 나를 억지로 바꾸게 만든다는 것이다. 사람들은 그런 사실 역시 무의식적으로 알고 있다. 그래서 끊임없이 갈등하는 것이다. 그러면 그런 갈등이 직관의 힘을 약화시켜 우린 결국 자신이 어디로 가야 하는지 모르게 되고 만다. 여기서 직관이란 단지 감으로 느끼는 것이 아니라 있는 그대로 보는 힘을 말한다.

　이 세상에 고통스러운 인생을 살기를 바라는 사람은 없다. 우린 누구나 자신의 삶이 소망하는 대로 순탄하게 흘러가기를 바란다. 그러나 인생은 얼마나 자주 우리의 그런 소망을 배반하던가. 사람에 따라서 크거나 작게 겪을 뿐이지 누구의 삶에나 고통은 있다. 그래서 작은 고통을 겪는 사람들은 큰 고통을 겪는 사람들을 보면서 자신을 위로한다. 저 사람에 비하면 내가 겪은 것은 아무것도 아니니까.
　그런데 흥미로운 것은 인간은 그렇게 외부에서 자기를 고통스럽게 하는 일이 없으면 이번에는 스스로를 고통스럽게 만든다는 사실이다. 인간은 행복을 추구하면서 또한 스스로를 불행하게 만드는 이상한 존재들이기 때문이다. 그러므로 인간은 무엇보다도 먼저 자신이 누구인지, 어떤 모습을 하고 있는지를 알

필요가 있다. 내 안에 있으면서 스스로를 괴롭히는 것들은 무엇인지, 내가 갖고 태어난 잠재능력은 무엇인지를 알아야 하는 것이다. 그것이 외부세계와 대적해 인생을 살아나가면서 자기를 발전시키는 첫 번째 과정이다.

우린 자기 의지와 상관없이 수동적으로 이 세상에 태어난다. 하지만 그다음부터의 삶은 수동적일 수가 없다. 삶이 어려운 이유가 무엇인가. 절대로 수동적으로 살 수 없기 때문이다. 세상이 싫어 자기 방에만 은둔한다고 하자. 그것도 자기가 능동적으로 선택한 것이다. 밥을 먹기 싫어 굶는 것도 능동적인 선택이다. 삶이란 그처럼 매 순간이 능동적인 선택의 연속인 것이다. 단지 그것이 제대로 된 선택, 즉 자신의 발전을 돕는 선택인지 아니면 퇴행을 가져오는 선택인지 하는 차이가 있을 뿐이다.

이를 심리학에서는 '에로스(Erōs)'와 '타나토스(Thanatos)'로 부른다. 에로스가 살려는 의지, 즉 앞으로 나아가는 의지를 의미한다면 타나토스는 그 반대로 스스로 자기를 가두는 의지, 궁극적으로는 수동적인 상태로 돌아가려는 의지를 의미한다. 그러나 그것조차도 자신의 선택이다. 인생이란 분명 자신의 의지와 상관없이 시작되는 것이지만 또한 반드시 자신의 의지로 살아가야 하는 것이다.

그런 의미에서 인생의 과제는 '아는 것'이다. 그리고 그 아는 것의 가장 첫 번째 과제는 바로 나 자신에 대해 아는 일이다. 왜냐하면 나는 나의 눈을 통해, 나의 귀를 통해, 나의 생각을 통해 세상을 알아가고 나의 언어와 행동을 통해 세상과 소통하기 때문이다. 그런 의미에서 내가 곧 세상이기도 하다.

따라서 세상을 안다는 것은 바로 나를 아는 것이고, 나를 아는 것은 세상을 아는 것이다. 자기를 아는 것이 힘이 되는 이유는 바로 자기가 세상을 살아가는 힘이 되기도 하고, 세상 그 자체이기도 하기 때문이다. 자신을 알아야만 우린 운명을, 그리고 인생을 이길 수 있다.

그렇게까지
애쓸
필요 없다

———

상담을 하다 보면 제일 많이 만나는 유형이 까칠함에도 용기가 필요한 일명 소심한 사람들이다. 그들이 하소연하는 문제도 거의 비슷하다. 그들은 인간관계에서 어떻게 하면 상대를 기쁘게 할까 고민하고, 상대의 일거수일투족에 민감해 하고, 상대의 평가에 쉽게 상처받고, 나는 이렇게 상대에게 신경 쓰고 배려하는데 상대는 아닌 것 같아서 상처받고, 그로 인해 사람이 싫지만 또 사람이 없으면 못산다고 호소한다. 그런데 그런 사람들도 내면의 심리에 따라 그 세부 유형이 조금씩 다르다.

첫 번째 유형은 인간관계에서 바라는 기대치가 너무 큰 경우다. 언젠가 늘 자신과 타인을 비교하면서 쉽게 주눅 든다는 문제로 나를 찾아온 이가 있었다. 어린 시절에는 자신보다 잘사는 아이들을 보면서 비교했는데 나이가 들어서는 학벌이 높거나 직업이 좋은 사람부터 태도가 침착한 사람, 열심히 사는 사람까지 비교 대상이 늘어났다. 물론 누구나 나보다 잘나 보이는 사람을 보면 부럽다는 느낌과 더불어 자신이 초라하다는 느낌을 약간은 경험할 수 있다. 하지만 그 정도가 지나쳐 자신의 일상을 방해할 정도면 문제가 되는 것이다.

그는 자신의 낮은 자존감이 원인인 것 같다고 말했다. 나는 그에게 당신이 생각하는 자존감이 무엇인지를 물었다. 그러자 뜻밖에도 그는 "내가 뭘 굳이 하지 않아도 남들에게 사랑받는 사람이 되는 것"이라고 대답했다. 그 말을 듣고 나는 그에게 "정신과적 상담이란 다른 말로 하면 현실치료인데, 현실적으로 우리가 뭘 안 해도 타인에게 사랑받는 존재는 거의 없다고 해도 과언이 아니다. 왜 나의 자존감을 남이 나를 사랑해 주는 것으로 세우려 하는가"라고 말해줄 수밖에 없었다.

이처럼 얼핏 보기에 소심해 보이는 사람 중에는 정말 무한대의 사랑, 인정, 의존 욕구를 가진 사람들이 있다. 그리고 그들은 그러한 욕구를 채우기 위해 남들의 눈치를 보고 조심한다. 스스로를 누구와 비교할 수는 있어도 그로 인해 심하게 주눅 든다면 먼저 자신의 욕구 체계를 점검해 볼 일이다.

내성적이고 조심성이 많은 사람들의 두 번째 심리 유형은 열등감이 심한 경우다. 자신에 대해 깊은 열등감을 가지면 타인이 다 나보다 나아 보일 수 있다. 그러나 우리가 어떻게 남이 나보다 더 나은지 아닌지를 판단할 수 있겠는가. 보통은 외모나 말솜씨 등 외적인 요소가 판단 기준이 되기 쉽다. 그리고 그러한 요소를 너무 크게 생각하면 상대를 이상화하고 자기를 비하하는 감정을 겪게 된다. 그렇다면 모든 면에서 소심해질 수밖에.

세 번째 심리 유형은 늘 안 좋은 상상을 먼저 하는 부정적인 경우다. 언젠가 외국에서 오랫동안 살다 온 친구를 만날 기회가 있었다. 만나는 동안 그 친구의 전화벨이 울렸고 그는 오랫동안 영어로 이야기했다. 나는 그동안 내 일을 하고 있었다. 그런데 그 친구가 마지막으로 한 말에 나는 깜짝 놀라지 않을 수 없었다. 전화를 하는 동안 내내 내가 자기를 '아니, 외국에서 그렇게 오래 살았으면서 영어 실력이 겨우 그 정도야'라고 생각하는 것 같아 신경이 쓰였다는 것이다. 실제로 나는 그의 통화 내용을 전혀 듣고 있지 않았는데도 말이다.

이처럼 부정적인 생각으로 인해 소심해지는 유형은 대개 자신에게 원하는 당위성과 기대치가 높다. 그렇기에 실패나 실수를 저질렀을 때 느끼는 민망함이나 수치스러움도 높고 타인에게 조금이라도 잘못하면 그 사람이 자신을 싫어할지도 모른다는 거부 불안에 시달리는 것이다.

한번은 늘 전전긍긍하며 사는 사람에게 "사람들은 알아서 자기 생활을 한다. 왜 그렇게 내가 다 그들의 삶을 도와주어야 한다고 생각하는가"라고 물은 적이 있었다. 그는 외출하면 가족이 신경 쓰이고 가족을 만나면 친구가 신경 쓰이고 하는 식이었다. 그에게 돌아온 대답은 "내가 도와주지 않으면 그들이 힘들 거 같아서 그런다"라는 것이었다. 부정적 사고를 많이 하는 사람일수록 자신이 타인의 삶에 무언가를 하지 않으면 그들이 힘들어질 거라고 생각하는 책임감 때문에 더욱더 괴로워하는 악순환을 반복하는 것이다.

내가 상담하면서 느끼는 것 중 하나는 소심한 유형이든, 냉담한 유형이든, 자기중심적인 유형이든 그 심층 심리는 거의 같다는 점이다. 즉, 언제나 내가 모든 면에서 누구나 엄지를 치켜세워줄 만한 사람으로 인정받고자 하는 심리가 원인인 셈이다. 그것을 소심한 유형은 상대가 나를 좋은 사람으로 인정해 주기를 바라면서 만족시키려고 하고, 냉담한 유형은 그 과정에서 받을 상처가 싫어서 거리를 두는 것이며, 자기중심적인 유형은 때때로 그 상처를 받지 않기 위해 지나치게 자기를 방어하는 것뿐이다. 어떤 의미에서는 소심한 유형이 가장 솔직할 수 있고 자기를 방어하는 벽이 가장 약할 수도 있다. 그래서 더 쉽게, 더 많은 상처를 받곤 하는 것이다.

이들에게 나는 관점을 바꿔볼 것을 권한다. 알고 보면 내가 지금 만나고 있는 상대도 실제로는 내가 그를 두려워하는 것처럼 나를 두려워하고 있을 수도 있다는 점을 기억하는 것이다. 나아가 상대가 연락하지 않는 이유는 나를 싫어해서일 수도 있지만, 누군가에게 이야기하고 싶지 않은 그만의 힘든 이유가 있을 수도 있다는 것을 알아둘 필요가 있다. 거절 또한 누구에게나 쉬운 문제는 아니지만, 내가 나를 보호하기 위해서 책임질 수 있는 만큼만 역량을 발휘하는 자세도 도움이 된다고 생각해 보는 것이다.

나는 상담 중에 인간관계가 두려워 소심해진다는 사람들에게 다음의 세 가지 질문을 머릿속에 떠올려보라고 말한다. 지금 내가 마음을 쓰고 있는 사람이 내가 이 세상을 하직할 때 옆에 있을 사람인지, 그 순간 내가 보고 싶어할 사람인지, 그리고 내가 어려울 때 도움을 청할 수 있는 사람인지를.

상담 중에 이 질문을 하면 대부분은 세 가지 경우에 해당하지 않는다고 고개를 젓는다. 그렇다면 굳이 그 사람의 마음에 들기 위해 그렇게까지 애를 쓸 필요가 있을까.

그동안
미워했던
나와 화해하기

―――――

이 세상 대부분의 멜로 이야기는 '오해'를 바탕으로 한다. 예를 들어, 드라마 속에서 남자와 여자는 서로를 사랑하지만 여자는 남자가 자신을 하찮게 여긴다고 '오해'해서 남자를 증오한다. 자신이 쫓아다녀서 연하의 남편과 결혼한 아내는 남편이 첫사랑을 못 잊고 있을지도 모른다고 '오해'해서 이혼을 결심하기에 이른다.

현실에서는 오해에서 빚어진 더 심각한 일들도 예사로 일어난다. 그래서 괴테는 이렇게 말했다.

"이 세상에서 분규를 일으키는 것은 간교함이나 사악함보다는 오히려 오해와 태만이다."

우린 스스로에 대해서도 참으로 다양한 오해를 품고 있을 때가 많다. 그중에서도 가장 문제가 되는 오해는 자신에 대해 실제보다도 훨씬 강하게 부정적인 이미지를 갖고 있는 경우다.

타고난 재능이 많은 데다 똑똑하기까지 한 서현 씨의 이야기. 그녀는 마음씨가 착하고 얼굴도 예뻤다. 유머감각도 있어서 누구와 대화를 나누든지 재미있게 이끌어갈 줄 알았다. 덕분에 서현 씨를 처음 만난 사람들은 곧바로 그녀에게 호감을 표시하곤 했다. 하지만 만남이 거듭되고 그녀를 잘 알게 될수록 사람들은 차츰 그녀에 대한 호감을 거두어갔다.

거기에는 그럴 만한 이유가 있었다. 처음 이미지와는 달리 그녀에게는 부정적이고 어두운 면이 많았기 때문이다. 무엇보다도 그녀는 자신이 재능도 없고 존재감도 없는 무력한 사람이라고 오해하고 있었다. 자아 이미지가 워낙 부정적으로 형성된 탓이었다. 성장 과정에서 서현 씨는 이상하게 어머니와 불화했는데, 남편과 사이가 나빴던 어머니가 어린 딸이 아버지와 잘 지내는 모습을 그냥 보아 넘기지 못했기 때문이다. 너처럼 못생기고 버릇도 나쁘고 제대로 할 줄 아는 것도 없는 아이는 없을 거라는 둥, 그런 주제에 제 아비를 닮아서 착한 척은 도맡아 한다는 둥 하는 악담을 그녀는 툭하면 듣고 자랐다. 아버지는 그런 그녀를 가엽게 여기고 예뻐했지만 경제적으로 무능력한 탓에 집안에서 힘이라고는 없었다.

형편이 그렇다 보니 서현 씨가 자신에 대해 부정적인 이미지를 가진 채 성장한 것은 어찌 보면 당연한 일이었다. 그래도 타고난 기질과 재능 덕분에 앞서 말한 것처럼 똑똑하고 순발력 있는 썩 괜찮은 사람으로 성장할 수 있었다. 하지만 문제는 자신을 믿지 못하는 정도가 아니라 스스로를 오해한다는 데 있었다.

그녀는 무엇보다도 사람들의 칭찬에 몹시 어색해했다. 사람들이 자신을 동정해서 그렇게 말하는 것이라고 여길 때도 많았다. 그래서 칭찬한 사람이 머쓱해질 정도로 완강하게 부정하거나 병적으로 움츠러드는 태도를 보이고는 했다. 상대방은 당황하며 서현 씨의 태도를 의아하게 여길 수밖에 없었고 그런 의구심이 커지다 보니 그녀에 대한 호감도 줄어들 수밖에 없었다. 하지만 그런 사실을 제대로 알 리 없는 그녀는 자신이 단지 인간관계에 서툴러서 사람들이 싫어한다고 여겼다. 그렇게 점점 서현 씨는 '내가 그렇지, 뭐'라거나 '나 같은 게 무슨……. 이런 결과는 당연한 거야' 하면서 더 부정적인 성격이 되어갔다. 그대로 가다가는 세상 사람들이 전부 다 자신을 거부한다고 믿기 시작할지도 몰랐다. 폴 오스터의 말처럼 "일단 자신에 대해 반감을 품게 되면 다른 사람 모두가 자기에게 반감을 품는다고 믿는 건 그리 어려운 일이 아니기" 때문이다.

십중팔구 서현 씨는 자신의 타고난 재능마저 그대로 땅속에 파묻고 말 것이다. 만약 그런 일이 생긴다면 그보다 마음 아프고 비극적인 손실도 없을 터였다. 그렇게 되지 않으려면 먼저 자신과의 오해를 풀어야 한다. 영화 「나의 그리스식 웨딩」에 보면 이런 대사가 등장한다.

"과거에 발이 묶여도 곤란하지만 과거는 미래의 자산이란 것도 잊지 마."

    많은 사람들이 스스로에게 품고 있는 오해 중의 하나는 과거에 대한 것이다. 과거에 얽매여 현재의 자신을 제대로 살아내지 못하는 사람이 생각보다 많은 것이다. 또한 과거에 저질렀던 사소한 실수를 마치 인생 전체의 실패쯤으로 오해해서 앞으로 나아가질 못하는 사람들도 많다. 하지만 누군가의 말처럼 "어떤 실패든 그것은 하느님이 내 삶을 위해 마련한 계획이 다른 옷을 입고 다가오는 것"일 수도 있다. 실패로 얼룩진 과거일지라도 내가 어떻게 마음먹느냐에 따라 성공의 밑거름이 될 수 있는 것이다. 그런 경우, 과거는 분명 미래의 자산이다.

    나의 임상경험을 보면 "나는 이런저런 사람이다. 그러므로 행동도 이러저러해야 한다"라고 스스로를 단정하는 경우가 적지 않다. 하지만 알고 보면 그런 틀은 자신이 일방적으로 만들어둔 것일 뿐, 실제로는 그 틀에 반하는 성격을 가진 사람들이 많다. 그야말로 자신을 오해하고 있는 셈이다.
    대개 그런 사람들은 극과 극의 성질을 동시에 가지고 있다.

예를 들어, 대인관계 양상을 보는 심리검사를 해보면 통제지배적인 면과 자기중심적인 면에서 최고점을 보이는 동시에 사회적 억제와 냉담이란 측면에서도 똑같은 점수를 보이는 사람들이다. 마음속으로는 상대방을 지배하고 싶고 자기 뜻대로 하고 싶지만 그런 자신의 성향에 불안감과 죄책감을 느끼는 탓에 겉으로는 오히려 '난 인간관계는 필요 없어' 하는 태도를 보이는 것이다. 자기 뜻대로 이루어지지 않을 것을 예견하고 상처받기 전에 상처의 근원을 차단한다고나 할까.

이런 문제로 고민하는 사람들에게 꼭 필요한 것은 바로 자신에 대한 오해를 바로잡는 일이다. 자신에 대해 제대로 이해하고 나면 갈등과 좌절이 줄어 들고 이어서 히스테리도 사라질 테니 인간관계도 더불어 좋아지게 된다.

나는 임상에서 자신과의 오해를 푸는 문제를 수학공식에 빗대어 말하곤 한다. 수학이 어려운 학문인 건 분명하다. 하지만 공식을 명확하게 이해하고 나면 응용문제는 저절로 풀리는 경우가 많다. 그런 것처럼 자신이 스스로에 대해 가졌던 오해들을 풀고 나면 나머지 인생의 문제들은 저절로 풀리게 된다.

물론 그렇게 되기까지는 쉽지 않은 과정을 거쳐야 한다. 하지만 중요한 건 일단 시도해 보는 것이다. 어느 여성 작가의 말처럼 시작만큼 진정으로 아름다운 것은 없으므로. 그리고 무슨 일이든 일단 시작을 해야 끝을 볼 수 있지 않겠는가.

그러니 뭐든 새로운 시작을 하시길!

상대방의 눈으로
보면
보이는 것들

———

어느 모임에서든 자기 외에 다른 사람이 주목받는 것을 견디지 못하는 사람들이 있다. 그와 같은 유형이 인생에서 쓰는 전략은 '자신의 우월함을 보이는 것' 하나에 집중된다. 그래서 수단과 방법을 안 가리고 돈과 명예, 지위와 미모, 특권 등 어느 것하나 놓치지 않고 차지하기 위해 분투한다. 그러면서 자기가 얼마나 잘난 사람인지를 남들에게 보이는 동시에 인정받고 싶어

한다. 그런 유형에게는 배려나 공감 같은 단어가 들어설 자리가 없다. 그의 마음은 거대하고 차디찬 콘크리트 벽과도 같아서 상대방이 아무리 그런 벽 때문에 괴롭다고 호소해 봐야 꿈쩍도 하지 않는다.

물론 그 정도는 아니어도 타고난 기질이나 성장 과정에서 정서적 교감을 배우지 못한 탓에 공감 능력이 다소 부족한 사람들이 있다. 다행히도 그런 정도는 자신이 어떻게 대처하고 훈련하는가에 따라 얼마든지 바로잡을 수 있다. 인간관계에서 주로 어떤 감정들을 느끼는지, 자신이 갖고 있는 단점과 장점은 무엇인지, 그중에서 어떤 면이 고착화돼 있어서 공감 능력이 부족한지 하는 것들을 시간을 두고 분석하면서 이해해 나가는 것이다. 그러다 보면 어느 순간 세상을 보는 눈이 달라진 자신과 만날 수 있다. 그건 마치 눈이 나쁜 사람이 안경을 쓰면 세상이 달리 보이는 것과 같다. 공감 능력이라는 새로운 안경을 쓰면 자기 자신과의 관계는 물론이고 다른 사람들과의 관계, 나아가 세상과의 관계가 새롭게 보이게 되는 것이다.

미국의 심리학자 어빈 얄롬은 개인 간의 소통과 공감의 문제를 해결하기 위해서는 '상대방의 창으로 바라보기'가 필요하다고 주장한다. 얄롬은 그와 같은 사례로 우리에게 다음의 이야기를 들려준다.

어린 시절 내내 아버지와 불화하던 한 여성이 있었다. 가부장적인 아버지들이 그러하듯이, 그녀의 아버지도 가족에게 권위적인 모습만을 보일 때가 많았다. 특히 한창 예민한 사춘기 시절의 딸과 충돌이 잦았다. 그럼에도 불구하고 딸에게는 따뜻한 육친으로서의 아버지에 대한 갈망이 있었다. 이윽고 그녀가 대학에 갈 나이가 되었다. 늘 아버지와의 관계에서 화해를 꿈꾸던 여자는 이번 기회를 이용하기로 했다. 아버지에게 대학 기숙사까지 먼 길을 데려다 달라고 부탁한 것이다.

그녀는 아버지와 동행하면서 서로 대화도 나누고 화해도 할 수 있기를 바랐다. 하지만 오랫동안 그녀가 꿈꾸어왔던 여행은 실패로 끝나고 말았다. 아버지는 운전하고 가는 내내 쓰레기로 가득하고 볼품없는 길가의 개울에 대해 불평을 터뜨렸다. 반면에 그녀에게는 개울이 깨끗하고 아름다운 전원을 구성하는 풍경일 뿐이었다. 결국 두 사람은 서로에게 고개를 돌린 채 여행을 끝내야 했다.

세월이 흘러 아버지가 세상을 떠난 후 여성은 그 길을 다시 여행할 기회가 있었다. 이번에는 여자가 운전을 했다. 그런데 곧 놀라운 사실을 발견했다. 도로에는 양쪽에 개울이 있었고 지난번에 아버지가 운전하면서 바라본 그 개울은 더럽고 황량하기 짝이 없었다. 그제야 그녀는 아버지의 창으로 바라보지 못한 자신을 후회했다.

이 이야기는 '상대방의 창으로 바라보기'가 공감에서 얼마나 중요한지를 잘 보여주고 있다. 얄롬 자신에게도 재미있는 일화가 있었다. 그는 어떤 환자를 치료하기 위해 두 사람이 만나고 난 뒤 각기 느낀 점을 글로 적기로 했다. 그렇게 함으로써 서로 공감대를 형성하는 한편 치료에도 의미 있는 진전이 있기를 바랐기 때문이다. 하지만 몇 달 후 각자의 기록을 본 그는 두 사람이 공감은커녕 같은 경험조차 전혀 다르게 기억한다는 사실을 깨달았다.

그는 상대방이 자신의 명석한 분석에 의미를 둘 거라고 믿었지만 환자는 그가 옷차림이나 외모에 대해 칭찬한 말이나 둘이 역할 연습을 하면서 서로를 놀렸던 일 등, 그로서는 알아차리지도 못한 사소한 일들에 의미를 두고 있었다. 그 일을 계기로 얄롬은 타인의 감정을 제대로 느끼고 이해하는 일이 쉽지 않다는 사실을 새삼 깨달았다.

얄롬은 우리가 공감이란 말이 갖는 상투성 때문에 그 과정이 복잡하다는 것을 곧잘 잊곤 한다고 주장한다. 그 대신 자신의 감정을 상대방의 감정에 투사하는 편이 더 쉬우므로 그렇게 반응한다는 것이다. 다시 말해, 중요한 것은 상대방의 창으로 바라보는 것인데도 내 편의 창으로 바라보는 데만 골몰한다는 이야기다.

결국 공감이란 상대방의 창으로 바라보고자 훈련하고 노력하는 사람만이 가질 수 있는 감정인 셈이다. 그리고 그런 개인의 일상이 모여서 제러미 리프킨이 말하는 호모 엠파티쿠스 즉, 공감하는 인류가 되어가는 것이 아닌가 한다.

늘 생각하는 것이지만, 우리가 인류에 힘을 보탠다는 것은 결국 '지금 있는 자리에서 잘 살아내는 것'이 아닐까 싶다. 내가 먼저 나 자신과 소통하고 그것을 넓혀 내 가족과 이웃, 동료와 친지들과 공감대를 형성하고 소통할 수 있다면 그것으로 충분하지 않을까. 상투적인 표현이긴 하지만 그런 개인이 모여 조직과 사회를 구성하고 나아가 인류를 구성하게 되기 때문이다.

결국 지금 내 옆에 있는 누군가와 공감을 나누고 소통할 수 있다면 그것으로 만족할 만한 것이다. 그리고 우리에게는 그렇게 할 수 있는 능력이 있다. 뇌 과학이 우리의 뇌에서 공감에 작용하는 거울신경세포(일명 공감신경세포라고도 한다. 마치 거울처럼 상대방의 행동을 모방해 복제할 뿐만 아니라 타인의 의도를 이해하는 수단이 되기도 한다)를 발견했기 때문이다. 이 거울신경세포가 있기에 우린 남이 다친 것을 보고 마치 자기가 다친 것처럼 아파할 수 있다고 뇌 과학자들은 말한다.

"사람은 자기 속에서 생장하지 않은 것은 무엇이건 오래 지닐 수 없다"라는 말이 있기도 하지만, 우리는 뇌 속에 이미 공감신경세포를 가지고 있다지 않은가. 그것은 곧 남에게 공감하고 진심으로 다가갈 수 있는 능력이 애초부터 있다는 것을 의미한다.

뇌 과학을 연구하는 사람 중에는 왼쪽 뇌는 과학을, 오른쪽 뇌는 자연을 표상한다고 말하는 사람도 있다. 그것은 곧 왼쪽 뇌는 분석하고 생각하고 표현하는 서양 문화권과, 오른쪽 뇌는 많은 것을 은유적으로 표현하고 사유하는 동양 문화권과 관계가 깊다는 의미로 해석할 수 있다.

그 유명한 성철 스님의 "산은 산이고 물은 물이다"라는 표현이나 불교의 선, 자연을 괘로 나타내 그 해석을 스스로 찾는 주역이나 모두 오른쪽 뇌의 산물이다. 한문으로 상징되는 표의문자가 주로 오른쪽 뇌에서 읽히는 것도 한 예다. 내 경우, 의학박사 논문에서 한글도 오른쪽 뇌에서 주로 읽힌다는 사실을 입증하기도 했다.

나는 개인적으로 심리분석을 할 때는 문화권의 영향을 살펴볼 필요가 있다고 생각한다. 실제로 임상에서 그런 경험을 자주 한다. 대표적인 사례가 외국에서 치료받는 중에 돌아온 유학생들을 만날 때다. 그들은 주로 심각한 우울증이나 정신증에 사용하는 약을 처방받는다. 용량도 대단히 큰데, 그러고도 증상이 호전되지 않아 할 수 없이 귀국하는 예가 많다.

거기엔 그럴 만한 이유가 있다. 그들이 주로 호소하는 문제는 부모와의 갈등이다. 우리 문화권에서는 그것이 별문제가 안 되지만 이미 십대 후반이면 부모로부터 독립을 추구하는 외국의 의사들로서는 이해가 안 된다. 그러다 보니 정신적 독립이 이루어지지 않은 미성숙한 상태라고 진단해서 정신증 약을 다시 처방하는 것이다. 그런 환자들에게 노이로제에 사용하는 약을 처방하고 부모자녀 관계에 집중해서 상담을 하면 좋아지곤 한다.

심리분석만 문화권의 영향을 받는 것이 아니다. 거의 모든 생활이 다 그렇다고 봐야 한다. 그런 의미에서 우리가 오른쪽 뇌의 영향을 더 많이 받는 문화권에 있다는 것은 알고 보면 커다란 장점이다. 물론 왼쪽 뇌에 편중된 분석과 사고력, 논리력도 중요하지만 좀 더 여유를 가지고 남과 더불어 유연하게 살아가기 위해서는 오른쪽 뇌의 역할에 좀 더 주목해야 하지 않을까.

그런 관심에 무슨 거창한 방법론이 있는 것은 물론 아니다. 때때로 나 자신에게 휴식과 이완의 시간을 좀 더 준다면 그것으로도 충분하다. 오른쪽 뇌가 유머 감각과도 관계가 깊다니까 웃을 수 있는 여유도 찾아가면서, 인간관계에서 따뜻한 이해와 공감의 능력을 좀 더 키워간다면 더 바랄 것이 없지 않을까.

내 마음에
창을
내어주는 일

―――――

우린 몸에 이상한 징후가 생기면 곧바로 병원부터 찾는다. 그것을 이상하다거나 수치스럽게 여기지 않는다. 그런데 마음의 문제에 이르러서는 그렇지 못한 것이 현실이다. 그러다 보니 마음도 몸과 똑같이 대우해 줘야 한다고 캠페인이라도 벌이고 싶은 심정이다.

　예를 들어, 우리 몸은 숨을 조금만 참아도 곧바로 질식의 위험에 처한다. 밀실에 갇혀 있다고 생각해 보자. 그곳에서 벗어나 제대로 숨을 쉬려고 무슨 짓이든 할 것이다. 살려달라고 목청껏 소리를 질러대며 발버둥을 쳐도 이상하게 생각할 사람은 아무도 없다. 오히려 할 수만 있다면 너나없이 달려와서 목숨을 구해주려고 안간힘을 쓸 것이다. 그리고 살아남은 쪽도 오로지 감사하다는 생각밖에 하지 않을 것이다.

그런데 마음의 문제에 이르면 이야기가 달라진다. 특히 대한민국에서 살아가는 대부분의 남자들은 아무리 마음이 힘들고 질식해서 죽기 직전이라도 외부에 도움을 청하지 않는다. 그런 생각 자체를 수치스럽게 여기는 경우가 더 많다. 그러고 보면 우리나라 남자들의 자살률이 여자들보다 더 높은 것이 하나도 이상하지 않다.

미국에서 9·11 테러 사건이 일어났을 때의 일이다. 미국 정부에서는 생존자들에게 상담치료를 받도록 조치했다. 생존자들이 평생 동안 트라우마를 겪을 것을 우려했기 때문이다. 그런데 한국 남성들 중에서는 상담치료를 거부한 경우가 있었다고 한다. 상대방이 설령 의사라 할지라도 자신의 감정을 다른 사람한테 드러낸다는 자체가 전혀 익숙하지 않았기 때문이다. 그 경우에는 주변에서 아무리 설득해도 소용이 없었다고 한다.

하지만 그토록 치명적인 트라우마는 반드시 어떤 식으로든 터져 나오게 되어 있다. 그래서일까. 상담을 거부하던 사람 중에는 세계무역센터 자리에서 장례식이 거행되는 것을 텔레비전으로 보고 있다가 갑자기 대성통곡을 터뜨린 일도 있었다고 한다. 심리적 문제로 상담을 받는다는 것 자체를 받아들일 수 없었기에 꾹꾹 억누르기만 해왔던 감정이 마치 둑이 터지듯이 한꺼번에 터지고 만 것이다. 그리고 천만다행하게도 그런 식으로 감정을 터뜨릴 수 있었기에 그는 치료를 받지 않고도 어느 정도 상황을 견뎌낼 수 있었을 것이다.

한번은 아내 손에 이끌려 나를 찾아온 중년 남자가 있었다. 그는 '사내 녀석'이 그만한 일에 울면 못쓴다고 어릴 때부터 감정 억누르기를 강요당하며 성장한 남자였다. 그는 최근에 다니던 회사에서 해고를 당했다. 좌절감을 이기지 못하고 폭음을 일삼았고 가족들에게도 자기가 먼저 거리를 두었다. 아내는 회사 측의 부당함을 잘 알고 있다며 그의 잘못이 아니니 너무 자책하지 말라고 위로했다. 당분간은 쉴 자격이 충분하다는 말도 했다. 하지만 그 어떤 말도 남자의 귀에 들어오지 않았다. 잘못한 일도 없는데 사회에서 강제로 떠밀려났다는 생각에 깊이 분노하고 있었기 때문이다.

그에게 분노와 좌절감을 풀 수단은 오로지 술이었다. 평소에도 술을 자주 마셨지만 이번에는 그 강도가 달랐다. 정신을 잃을 때까지 술을 마시는 날이 많았다. 언제부턴가 친구들은 그와의 술자리를 피했다. 그는 술을 사다가 집에서 혼자 마시기 시작했다. 남자가 술로 인해 문제를 일으키면서 가족들 역시 그를 대하기 힘들어했다.

비교적 정신이 말짱할 때는 가족들을 외면하는 것으로 상처를 주었다. 그는 아내는 물론 아이들과도 더 이상 눈길을 주고받지 않았다. 자신의 비참한 모습을 가족들에게 보이기 싫었고 가장 역할을 못 하는 자신은 집안에서 불필요한 존재였기 때문이다. 그때마다 남자는 자신이 깜깜한 어둠 속에 홀로 내팽개쳐졌다고 여겼다. 그건 지독하게도 우울한 감정을 동반했다.

결국 그는 아내가 이혼 이야기를 꺼내고 나서야 비로소 정신이 번쩍 들었다. 그렇지만 상담치료에는 여전히 거부감이 심했다. 이제까지 누군가에게 자신의 마음을 툭 털어놓고 대화를 나누어본 적이 없어서였다. 그건 지나치게 감정적인 면을 드러낼 것을 요구하는 일이었다. 하지만 그는 아내의 간절한 요구를 거절할 수 없었기에 마지못해 상담을 시작했다.

나는 그에게 감정의 힘에 대해 설명해 주었다. 감정이란 한마디로 말한다면 마음의 감각이라고 할 수 있다. 우리가 살아 있는 동안 신경 쓰지 않아도 눈은 외부에 존재하는 것을 보게 해주고(시각), 귀는 듣게 해주고(청각), 코는 냄새를 맡게 하고(후각), 입은 맛을 느끼게 하고(미각), 몸은 내가 만지는 것들이 무엇인지 알게 해준다(촉각). 우린 그 감각세포들에게 왜 보이게 하느냐, 왜 냄새 맡게 하느냐고 따지지 않는다. 오히려 감사해한다. 우리가 살아 있다는 증거이기 때문이다.

통증을 비롯해 몸의 감각들은 우리 몸에 이상이 있을 경우 빨리 원인을 찾아 해결하라는 신호기 역할을 한다. 마음의 감각인 감정이 하는 역할도 똑같다. 내가 느끼는 감정에 대해 알지 못하고 그것이 보내는 신호에 적절히 대처하지 못할 때 우린 마음의 병을 앓을 수밖에 없다. 또한 우린 내 마음이 아프다는 걸 알아야만 남의 마음이 아픈 것도 이해할 수 있다. 내 마음이 아픈 것을 억압하는 사람은 남의 마음이 아픈 것도 억압한다. 그런 사람은 인간관계에서 공감의 능력이 부족해질 수밖에 없다. 그들은 심정적으로 몹시 힘들어하는 사람에게 위로는커녕 "그만한 일에 뭐 그렇게 힘들어하나"라며 면박을 주면서도 그것을 당연하게 여긴다.

상담 과정에서 남자는 처음으로 자기 자신이 마음을 치명적인 질식 상태로 몰아가고 있다는 사실을 알게 되었다. 해고당하고 괴로움을 겪으면서 그의 마음에는 오로지 억울함과 분노만이 쌓여갔던 것이다. 그런 상황이 조금만 더 계속된다면 그는 그 억울함과 분노에 압사당할 것이 분명했다. 그 상황에서 벗어나기 위해서는 한시라도 빨리 억울함과 분노의 감정들을 후련하게 털어낼 필요가 있었다.

정신과에서는 그런 작업을 '마음의 환기'라고 한다. 우리가 청소를 하기 위해서는 창문을 열고 환기를 시키듯이 마음에 쓸데없는 노폐물들이 쌓여 있을 때도 그것들을 밖으로 내보내고 새로운 공기로 채울 필요가 있는 것이다.

우리는 자신을 아프게 하는 격렬한 감정일수록 그것을 억압하는 경향이 있다. 하지만 감정은 마치 불씨와 같아서 웬만해서는 쉽게 사그라지지 않는다. 예전 사람들은 불씨를 꺼뜨리지 않기 위해 재에 묻어두는 방법을 택했다. 재에 묻어둔 불씨는 얼핏 보면 꺼진 것 같다. 그러나 바람을 불어주면서 잘 살려내면 곧 활활 타오르는 불꽃으로 변한다. 한꺼번에 너무 많이 살려내면 불꽃이 번져 큰불로 이어질 수도 있다. 그래서 불씨 하나가 초가삼간을 태운다는 말이 있는 것이다.

힘든 감정일수록 우리는 더욱더 무의식 깊숙이 묻어둔다. 그러면서 자신은 그런 감정을 느끼지 않는다고 생각한다. 물론 그것은 우리가 살아가는 데 필요한 일종의 보호기능일 수도 있다. 감정을 있는 그대로 느낀다면 누구도 제대로 살아가기 어렵기 때문이다. 하지만 너무 억압해도 문제다. 억압된 것은 어떤 식으로든 모습을 드러낸다. 오히려 억압이 클수록 그 이상의 폭발력으로 터져 나오기 마련이다.

그러니 아무리 통렬한 감정일지라도 어느 정도 자신의 감정을 있는 그대로 인정하고 수용하는 것이 필요하다. 물론 그런 다음에는 여과 과정을 거쳐야 한다. 즉, 믿을 만한 사람에게 자신의 감정을 털어놓는다든가, 일기처럼 노트에 적는다든가 해서 감정이 여과될 수 있는 시간을 주어야 한다. 그렇지 않고 억압만 하는 것은 불씨를 묻어두는 것과 같다. 일종의 심리적 휴화산인 셈이다. 그래서는 곤란하지 않겠는가.

실제로 만성적으로 감정을 억압하면 정신 및 신체 네트워크에 크나큰 문제가 생겨난다는 것은 이미 과학적으로 밝혀진 사실이다. 자신의 기본적인 감정 욕구들을 깨닫지 못하는 사람들의 특징인 강한 자제력이 암 치료 등에서 걸림돌로 작용한다는 보고도 있다. 회복 속도가 그만큼 느리다는 것이다. 때로 가장 큰 치유의 힘은 오래 억압되어 있던 분노를 분출하여 면역계에 시동을 거는 데서 시작되기도 한다. 따라서 감정이 곪거나 고착되거나 걷잡을 수 없이 커지지 않도록 그것을 적절히 표현해서 놓아주는 일이 필요하다. 그것이 나의 인간관계와 일에서 올바른 방향을 찾아가는 방법이기 때문이다.

행복이
강박이
되지 않기를

———

어릴 때 읽은 동화 중에 『그림자 없는 사나이』라는 작품이 있었다. 지금도 가끔 이 동화를 떠올리곤 한다. 정확하지는 않지만 대략의 줄거리를 옮기자면 이렇다.

　주인공(아직은 그림자를 가지고 있는)은 여행길에 마법사 비슷한 사람을 만나게 된다. 주머니에 손을 넣었다가 빼기만 하면 사람들이 원하는 물건을 무엇이든 만들어내는 마법사는 사실은 악마가 변장한 모습이다. 그것을 알 리 없는 주인공은 악마의 신기한 모습에 홀리고 악마는 그에게 어마어마한 부자로 만들어 줄 테니 그 대신 그림자를 팔라는 제안을 한다. 그림자쯤은 없어도 된다고 여긴 주인공은 악마의 제안을 받아들여 곧 엄청난 부자가 된다. 희희낙락하며 살아가던 그는 어느 때부턴가 이상한 느낌을 감지한다. 주변에서 그에게 그림자가 없음을 알아차리고 이상하게 보기 시작한 것이다. 사람들의 수군거림과 따돌림을 당하면서 남자는 쓸모없다고 여긴 그림자를 판 일을 몹시 후회하기에 이른다.

그는 다시 악마를 만나 그림자를 돌려달라고 요구한다. 그러자 악마는 그에게 그림자를 돌려주는 대가로 이번에는 영혼을 팔라고 제안한다. 그러나 그림자를 돈과 바꾼 자신의 행동이 얼마나 어리석은지를 이미 깨달은 주인공은 악마의 제안을 단호하게 거절한다. 당연히 그는 예전의 가난한 처지로 돌아가지만 오히려 홀가분함을 느낀다. 그리고 우연한 기회에 한 걸음에 7마일을 가는 장화를 얻게 된다. 덕분에 남들보다 훨씬 빠른 기동성을 갖추게 된 주인공은 미처 사람들의 발길이 닿지 않은 여러 곳을 다니면서 자연을 탐구하는 것에서 크나큰 기쁨을 느낀다. 그림자는 없지만 영혼까지 팔지는 않았기에(그리고 어쩌면 그림자 없는 인생이 가져다주는 불행을 뼈아프게 경험했기에) 그는 모든 것을 털어버릴 수 있었고 마침내 자유를 얻게 된 것이다.

그림자 없는 사나이의 '그림자'는 우리의 감정과 닮은 데가 있다. 산다는 것은 누구에게나 문제의 연속이다. 그리고 그 속에서 온갖 감정의 회오리에 휘말려 어느 노랫말처럼 '오늘은 웃었다가 내일은 울면서' 살아가는 것이 인생이다. 어떤 의미에서 감정은 그림자보다도 더 악착같이 우리와 함께한다고 봐야 한다. 그림자는 빛이 있는 낮 동안에만 보이지만 감정은 스물네 시간 나와 더불어 존재하며, 심지어 잠자는 동안에도 꿈을 통해 나와 함께하기 때문이다. 결과적으로 인생은 이 감정을 어떻게 컨트롤하느냐에 달려 있다고 해도 과언이 아니다.

그래서 그림자 없는 사나이가 유혹에 빠지는 것이 백번 이해가 간다. 아무런 해가 되지 않는 그림자도 팔아버리는데 늘 함께하면서 때로는 나를 너무도 힘들게 하는 존재라면 어찌 팔아버리고 싶지 않을까.

인생에서 기쁨과 즐거움을 느낄 수 있는 시간은 그리 많지 않다. 과일이 가장 맛있게 잘 익는 때는 짧은 한철뿐이다. 대부분의 시간은 그렇게 익어가기를 기다리고 또 기다려야 한다. 때로는 너무 익어서 버려지기도 한다. 그처럼 삶에서 기쁨과 즐거움이 찾아오는 시간은 너무 짧다. 가장 행복한 유년기마저 이제는 행복하지 않은 경우가 더 많다. 영어 공부다 뭐다 해서 그때부터 이미 감정적으로 시달리는 탓이다. 누군가 "세 살 때 행복하지 않으니 여든이 되어도 행복하지 않다"라는 이야기를 하는 것을 들은 적이 있다. 이따금 그 말을 떠올리며 "정말 맞는 말이야" 하고 중얼거릴 때가 한두 번이 아니다.

많은 사람들이 '행복해야 한다. 성공해야 한다' 같은 강박관념을 지닌 채 살아간다. 그렇지 않고는 살아가기 어려운 것이 우리 삶이 처한 현실이기도 하다. 그리고 바로 그 때문에 우리는 자주 감정적으로 불행하다. 아무리 강박적으로 행복하기를 바란다 해도 그것이 내게 주어지는 시간은 대개 한순간에 불과하기 때문이다. 대부분의 시간 동안 우리는 자신이 인생에서 저지른 수많은 어리석음과 후회, 그로 인한 번민과 슬픔, 좌절과 상실의 아픔 등으로 괴로워하며 살아간다. 극히 드물게 마음이 강하고 담대한 사람들도 있지만 그들도 내면 깊은 곳에는 자기만의 아픈 감정을 모아두는 방이 있기 마련이다.

행복하기를, 성공하기를 바라지만 그 결과는 우리 몫이 아닐 때가 훨씬 많은 게 인생이다. 그러므로 어떤 의미에서 우리는 노력하는 과정을 즐기는 수밖에 없을지도 모른다. 그런 생각으로 마음을 비우고 현실을 받아들인다면 감정적인 불행도 그만큼 줄어들지 않을까. 마음을 비운다는 것은 어떤 의미에서 소원이 꼭 이루어져야 한다고 자신에게 명령하는 일을 멈추는 것이다. 그리고 그렇게 마음을 비울 때 비로소 더 채워지는 때가 오는 것 또한 삶이 지닌 '긍정적인 모순'이 아닌가 싶다. 그림자 없는 사나이가 영혼을 팔기를 거절하고 나서야 비로소 다시 자유를 얻었듯이.

기분에도
관리가
필요하다

————

민재 씨는 수년째 상담 시간만 되면 주위 사람들에 대한 불평불만을 늘어놓는 사람이었다. 가정에 무관심한 것도 모자라 외도로 어머니를 힘들게 하는 아버지, 그 아버지에 대한 분노로 우울증에 걸려 자신을 돌보지 않은 어머니, 그런 부모에 대해 제대로 저항 한번 하지 못하고 살아온 자기 자신, 어렵게 사회생활을 시작했건만 잘못된 만남으로 자신을 힘들게 하는 사람들, 자기가 얼마나 괴로운지 관심도 없으면서 힘든 일만 시키는 직장 상사와 동료들 등등. 그의 이야기에 등장하는 모든 사람들은 하나같이 그를 괴롭히는 존재들뿐이었다.

그는 이 세상에는 단 두 부류의 사람이 있다고 믿었다. 바로 피해를 받고 있는 자기 자신과 자기를 괴롭히는 세상 사람들이었다. 그런데 그가 어느 순간 서서히 변해가기 시작했다. 문제를 제대로 바라보기를 바라는 마음에서 핵심을 이야기해 주면 나에게도 "당신이 나의 고통을 아는가"라고 반발하던 그였다. 그러던 그가 내가 해주는 이야기가 무슨 뜻인지 이해하기 시작했다고 하는 것이 아닌가.

그러더니 어느 날은 "처음으로 기분도 관리해야 한다는 것을 알았다. 기분 나쁜 채로 그냥 있는 것이 아니라 내가 왜 기분이 나쁜지, 정말 이렇게 기분이 나빠야 하는 상황이 맞는지 살피기 시작했다"라고 털어놓았다. 그 결과 그는 자신이 지나치게 피해의식에 빠져 있었다는 것을 알게 되었다는 말도 했다. 처음 만났을 때의 그와 비교해 보면 실로 굉장한 발전이 아닐 수 없었다. 기분이 좋아진 나는 그를 듬뿍 칭찬해 주었다.

실제로 불평을 터뜨리고 징징대고 푸념하면서 하루하루를 힘겹게 살아가는 사람들이 있다. 그들은 자신이 불행할 수밖에 없는 이유를 수백만 가지는 댈 수 있는 사람들이다. 그들의 이야기를 듣고 있으면 마치 자기 삶의 불행과 끔찍함을 즐기는 것이 아닐까 싶을 정도다. 그들은 지극히 하찮은 일에 좌절하고 분노하기를 멈추지 않는다. 그러면서도 그 모든 일의 원인을 자신에게서 찾는 경우는 없다. 항상 누군가에게 그 잘못과 책임을 전가한다. 병적으로 '투사'의 방어기제를 발동하는 것이다.

우리의 정신세계에는 나름대로 스스로를 보호하는 장치가 마련되어 있다. 그것이 곧 정신적 방어기제다. 다른 말로 하면 온갖 정신적 갈등을 이겨내도록 해주는 심리적 책략이라고 할 수 있다.

좀 더 쉽게 설명하면 이렇다. '투사(projection)'란 자신이 무의식적으로 품고 있는 공격적 계획이나 충동을 남의 탓으로 돌리는 경우에 해당한다. 주로 의처증이나 의부증 환자들이 자기의 욕구를 배우자에게 투사하는 사람들이다. 사실은 자기가 바람피우고 싶은 욕구 때문에 고통스러우니까 그것을 은폐하고자 자신의 심리를 상대방에게 투사해 "너 바람피우지?" 하면서 의심하는 것이다.

방어기제 중에는 '전치(displacement)'라는 것도 있다. 어떤 한 대상에게 향했던 감정이 곧바로 대치할 만한 다른 대상으로 향하는 것을 말한다. 쉬운 예로 한 남자가 회사에서 아내와 같은 고향 출신인 상사에게 야단을 맞고 퇴근했다. 그런데 집에 가서 아내를 보자 갑자기 화가 치민다. 그는 곧바로 전치를 일으켜서 아내에게 소리를 지른다. "당신 고향 사람들은 왜 다 그 모양이야, 엉?"

그런가 하면 문제 상황에서 어린아이처럼 '퇴행(regression)'하는 사람도 있다. 살아가면서 심한 좌절에 부딪혔을 때, 그동안 이룬 발달의 일부를 상실하고 현재보다 훨씬 유치한 과거 수준으로 후퇴하는 것이다. 병원에 입원한 환자가 어린아이처럼 되어서 치료진이나 가족에게 의존하는 경우가 여기에 해당한다.

'동일시(identification)'는 부모나 주변에 있는 중요한 사람들의 태도나 행동을 닮아가는 것을 말한다. 반대로 자기가 미워하는 사람을 절대 닮지 않겠다고 하면서 자기도 모르게 닮아가는 것을 '적대적 동일시(hostile identification)'라고 한다. '병적 동일시(pathological identification)'도 있다. 예로 국회의원 비서가(그것도 서열상 가장 급이 낮은) 다른 사람들 앞에서 자기가 마치 국회의 원인 것처럼 거들먹거리는 경우를 들 수 있다.

그래서 방어기제는 정신적 건강상태를 알 수 있는 지표가 되기도 한다. 어떤 방어기제를 쓰느냐에 따라 심리적 유연성은 물론이고 나아가 인생의 성숙도를 알 수 있기 때문이다. 예를 들어, 문제가 생길 때마다 앞서 언급한 것처럼 병적인 투사의 기제를 쓴다면 그는 정신적 성숙과는 거리가 멀어도 한참 먼 사람이다. 그밖에도 적대적 동일시나 병적 동일시, 퇴행 등의 방어기제를 쓰는 사람을 심리적으로 유연하고 성숙하다고 할 수는 없다.

어떤 상황에서 어떤 방어기제를 써야 할지를 결정하는 것은 대개 우리의 무의식이다. 하지만 자신의 성격적 특성을 잘 살펴보면 대개는 스스로 어떤 방어기제를 쓰고 있는지 알 수 있다. 뒤집어 말하면 자신의 성격적 특성 역시 결국 어떤 방어기제를 어느 정도 두드러지게 쓰느냐에 달려 있는 셈이다. 불평하고 푸념하는 인생을 살아가는 사람들을 떠올려보라. 그들이 어떤 성격의 소유자들인지 눈앞에 그려질 것이다.

방어기제가 한 번에 하나씩만 가동되는 것도 아니다. 상황에 따라 여러 가지가 한꺼번에 쓰일 때도 있다. 그와 같은 여러 가지 방어기제들의 긍정적인 역할이라면 내가 수용하기 힘든 불안이나 충동으로부터 나를 보호해 준다는 것이다. 한편으로는 진짜 내 모습과 멀어지게 만들기도 한다.

그렇다면 우린 어떻게 해야 이러한 여러 가지 부정적인 방어기제들을 물리치고 내 마음을 잘 가꿀 수 있을까? 그 해답은 정신의학자 융에게서 찾을 수 있다. 융은 '동량의 원리(principle of equivalence)'와 '엔트로피의 원리(principle of entropy)'를 주장했다. 동량의 원리는 어떤 정신적 요소에 맡겨진 에너지의 양이 줄거나 사라지면 동량의 에너지가 다른 정신적 요소에 나타난다는 것이다. 예를 들어, 아이가 성장하면서 처음에는 총에 관심을 갖다가 나중에는 만화책이나 자동차에 관심을 갖는 것을 말한다. 어떤 것에 대한 흥미의 상실이 늘 다른 무엇인가에 대한 흥미의 발생을 뜻한다는 것이다. 따라서 내가 지금 부정적인 생각에 정신 에너지를 쓰고 있다는 것을 느끼면 즐거움과 기쁨을 느낄 수 있는 다른 것으로 에너지를 전환하도록 노력할 필요가 있다. 앞서 민재 씨가 언급한 것처럼 기분을 관리하는 것이다.

기분을 물이라고 한다면 그것을 조절하는 생각은 땅에 비유할 수 있겠다. 기분은 물과 같아서 수시로 변하지만 생각은 땅처럼 잘 형성되면 굳건하게 물을 지킬 수 있기 때문이다. 요즘 정신의학에서 많이 사용되고 있는 인지치료가 바로 그런 개념이다. 생각을 바꾸어서 감정을 다스린다는 것이 그 치료의 기본 원리다.

어떻게 생각을 바꾸는가? 감정은 좀 더 즉각적이고 자동적인 반응이다. 따라서 감정에 몰입될 때 그것을 다스리기는 어렵다. 그러나 생각은 감정이나 감각이 우리 뇌에 그 정보를 들여온 다음 생겨나는 것이기 때문에 좀 더 이차적이며 자신이 선택할 수 있다. 자신의 생각이 부정적인 감정을 불러일으키는 생각인지 아니면 긍정적인 감정을 가져오는 생각인지를 먼저 알고 부정적인 생각을 긍정적인 생각으로 바꿔나가는 것이다.

에너지가 강한 물체에서 약한 물체로 흐르는 것처럼, 정신적 에너지도 자신에게 좀 더 강력한 쪽으로 흐르게 되어 있다는 것이 엔트로피의 원리다. 그러므로 평소 자신의 에너지가 자기 실현화나 자기 영혼을 가다듬는 쪽으로 흘러가도록 노력하면 부정적인 사고로 흐를 수 있는 에너지가 전환될 수 있다는 것이다.

"마음 먹은 대로 된다"는 말을 다시금 입증하는 것이 이 에너지의 법칙인 셈이다. 따라서 기분도 때때로 관리를 해줄 필요가 있다.

세상
그 어떤 일도
당연한 것은 없다

———

겨울바람이 스산하게 목깃을 파고드는 탓인가. 12월이 되면 유난히 마음이 수런거린다는 분들이 많다. 특히 중년의 고비를 지나는 경우에는 한 해의 마지막 남은 시간을 헤아리는 마음이 편할 수만은 없다. 나이 들어가는 것에 대한 두려움이 없는 중년 세대는 없을 것이기에 더욱더 그렇다. 인생에서 해야 할 일은 아직 반도 못 한 느낌인데 시간은 저 혼자 이미 반환점을 한참 넘었다고 통고하고 있으니 어찌 마음이 조급하지 않을까. 그래서 괴테도 이렇게 말했는지 모른다.

"욕망을 버리기엔 너무 젊고 놀기엔 너무 늙었다."

이보다 더 절묘한 한탄도 없을 것이다. 그 때문에 이 문장이 긴 세월을 두고 아직까지 회자되는 것이겠지만. 나의 임상경험으로 보면, 자신의 사회적 성취에만 몰두해 온 사람들일수록 나이 들어가는 것을 더욱더 잘 받아들이지 못하는 것 같다.

30대에 창업을 해서 회사를 견실한 중견기업으로 일궈낸 성훈 씨의 사례. 그는 20년이 훨씬 넘는 세월을 오로지 일에만 매달려 지내왔다. 그의 목표는 단 한 가지, 자신의 분야에서 성공하는 것이었다. 물론 지금 그는 원하던 성공을 이루었다. 그 사이에 부침이 없진 않았다. 재정적인 어려움으로 파산 직전까지 갔을 때는 잠도 거의 자지 않고 오로지 회사를 다시 일으켜 세울 궁리만 했다. 다행히도 또 한 번의 기회가 찾아와 그는 재기에 성공할 수 있었다. 그리고는 다시 일에만 파묻혀 지냈다.

그러던 어느 날이었다. 가장 친하게 지내던 친구가 갑자기 심장마비로 세상을 떠났다. 그는 생애 처음으로 큰 충격에 빠졌다. 돈이 없어 회사를 날릴 뻔했을 때도 그렇게 심정이 허무하진 않았다. 그 일을 겪은 후 그는 일종의 무력감에 빠져들었다. 회사 일도 손에 잡히지 않았다. 집에서 지내는 시간이 많아지면서 그는 비로소 아내 역시 나이 들어가고 있다는 사실을 발견했다. 한편으로는 그 사실도 그를 서글프게 했다. 아내가 그런 모습이 되도록 단 한 번도 살갑게 신경을 써주지 못한 것이 뒤늦게 후회되었기 때문이다.

문제는 한번 무력감과 허무감에 빠지면 좀체 떨치고 일어서기가 어렵다는 데 있었다. 우울증마저 찾아오는 것 같았다. 늘 '긍정! 긍정!'을 외치던 남자는 우울증 같은 것은 비관적인 사람들이나 걸리는 병이라고 생각했다. 그런데 자신이 그런 상황에 놓이자 당황스럽기도 하고 충격적이기도 해서 이윽고 병원을 찾게 된 것이다.

나이가 들어가면서 성훈 씨와 비슷한 위기를 겪는 사람들이 생각보다 많다. 미국의 소설가 커트 보니것은 인간이 인간으로 존재하기 위해서는 "왜 하필 나인가?", "왜 하필 어떤 것인가?"

하고 물을 수 있어야 한다는 의미의 말을 한 적이 있다. 실제로 인간은 그 두 가지 질문에 대한 해답을 찾는 긴 여정을 통해 자기 존재의 근원을 알아가고 한편으로는 두려울 정도로 눈부신 과학의 발전을 도모해 오고 있다.

예를 들어, 만약 "왜 하필 나인가?" 하는 질문이 없었다면 우리에게 프로이트가 존재했을까? 아마도 존재하지 않았을 것이다. 그 질문이 있었기에 프로이트는 인간의 내면을 끈질기게 탐험한 끝에 무의식의 세계를 밝혀낼 수 있었다.

다윈 역시 "왜 하필 어떤 것인가?" 하는 질문이 없었더라면 갈라파고스까지 먼 항해를 떠나지 않았을 것이다. 그리고 그 두 사람 덕분에 우린 이전의 세계와는 전혀 다른 방식으로 인간의 마음과 자연의 섭리를 이해하게 되었다. 질문이 인류를 발전시키는 방식은 바로 그런 것이다.

하지만 우린 보니것이나 프로이트가 아니다. 다른 말로 하면, 우린 자신의 내면을 향해서 '왜?'라고 질문하는 일에 그들처럼 익숙하지 못하다는 뜻이다. 그러다 보니 내면에서 약간의 빈틈이라도 보게 되는 날에는, 그리하여 "나는 누구인가", "내게 삶과 죽음은 무슨 의미가 있는가" 하는 질문을 느닷없이 맞닥뜨리기라도 하는 날에는 화들짝 놀라며 격심한 타격을 받곤 한다. 성훈 씨의 사례가 그것을 잘 보여준다. 그것이 싫어서 사람들은 약물이나 알코올, 도박이나 외도에 빠지기도 한다. 적어도 그런 것에 의존하는 동안에는 삶이 우리에게 던지는 근원적인 질문들을 외면할 수 있으므로.

하지만 인생을 치열하게 살아가는 사람들은 오히려 그런 질문들을 통해 성장하고 발전한다. 영국의 작가 마크 하면은 말했다.

"세상 그 어떤 일도 당연하게 받아들이지 않고 끊임없이 자문하는 태도, 그것이 사라지는 순간 사람들은 늙기 시작한다."

실제로 호기심과 열정을 잃지 않고 지혜롭게 나이 들기 위해서는 인생 2막에 대한 설계가 꼭 필요하다. 그렇지 않고 일이나 성공에만 몰두해 있다가 갑자기 정신적 위기가 찾아오면 견뎌내기가 쉽지 않기 때문이다.

나이 들어가는 과정에도 혁신이 필요하다는 말이 있다. 디자인이 필요하다는 말도 있다. 전적으로 옳은 말이다. 인생에서 새로운 2막을 설계하는 데 어찌 디자인과 혁신이 필요하지 않겠는가. 그렇다면 아직 오지 않은 날들을 준비하기 위하여 요구되는 혁신은 무엇일까?

가장 큰 것은 나이에 대한 고정관념에 자신을 가두지 않는 것이다. 마음에 활력을 유지하기만 한다면 어떤 일을 하든 나이가 문제 되진 않는다고 생각할 필요가 있는 것이다. 더 나아가 정신의학자 융은 내 마음속 어린아이에게 자리를 내주라고 조언하기도 한다.

"모든 어른들의 인생에는 영원한 어린아이가 숨어 있다. 성장이 늘 현재진행형이며 그러면서도 결코 완성될 수 없는, 끝없이 보살펴주고 관심을 가져주고 교육시켜 줄 것을 원하는 어린아이가 있다."

그 어린아이에게 자리를 내줄 때 비로소 나이듦의 억압에서 해방될 수 있다는 게 융의 생각이었다. 나아가 어린아이의 특성인 상상력과 호기심, 장난기와 창의력을 발휘하도록 스스로를 독려할 때 훨씬 풍성한 시절을 보낼 수 있다는 것이다.

나 역시 적어도 중년 이후의 삶에서는 내 안의 어린아이를 홀대하지 말자고 말하고 싶다. 그러면 나이 들어가는 것에 대한 허무와 고독에서 벗어날 수 있을 뿐 아니라 오히려 더 생기발랄한 인생을 살아갈 수 있지 않을까.

지나간 내 청춘이 아무리 화려한들 그건 이미 과거의 시간일 뿐이다. 앞으로 다가올 나의 노년기 역시 아직 오지 않은 시간이니 지금의 나와는 상관이 없다. 따라서 지금 이 순간이야말로 내게 주어진 최고의 순간이 아니겠는가. 더욱이 그 시간을 어떻게 하면 풍성하고 다채롭게 보낼 것인지에 대해 어린아이처럼 집중한다면 나에게는 지금이 바로 최고의 전성기다.

인생이란
말하는 대로
되어간다

———

난 1년 중에 1월이 가장 좋다. 두려움과 설렘이 함께하는 새로운 날들이 내 앞에 활짝 펼쳐져 있기 때문이다. 1월을 알싸하게 매운 겨울 추위 속에서 맞을 수 있는 것에도 감사한다. 만약 우리와 반대편에 있는 몇몇 나라들처럼 한여름에 새해가 시작된다면 어떨까. 생각만 해도 머릿속이 흐릿해지는 기분이다. 춥지만 투명한, 그래서 정신이 반짝 나는 겨울에 한 해를 시작할 수 있으니 어찌 감사하지 않으랴.

지나간 날들은 이미 지나갔기에 그것으로 족하다. 그 속에 영광이 있었든 실패가 있었든 어차피 다 지난 일이다. 왈가왈부한다고 해서 상황이 달라지는 일은 결코 일어나지 않는다. 하지만 내 앞에 놓인 새로운 날들은, 새로운 365일은 다르다. 그것은 아직 채워지지 않은 빈 시공간이다. 내가 그 속에서 무엇을 찾아낼지는 모른다. 하지만 나는 가능한 한, 그 속에서 다이아몬드 광산을 찾아낼 수 있기를 소망한다. 저 유명한 이야기에 따르면 다이아몬드는 내 집 뒷마당에 묻혀 있다지 않은가. 단지 누군가는 그것을 찾아내고 누군가는 영영 찾아내지 못하는 것뿐. 나는 그것을 찾아내는 사람이 되고 싶은 것이다.

계몽문학 시대의 고전이 된 러셀 콘웰의 '다이아몬드 이야기'는 오늘날까지도 여러 가지 버전으로 전해 내려오고 있다. 그중 가장 원전에 가까운 이야기는 대략 이렇다.

페르시아 어느 마을에 부자가 되는 것이 가장 큰 소원인 농부가 있었다. 사람이 한번 딴마음을 먹으면 웬만해선 되돌리기가 어려운 법. 딴마음이란 바로 자신의 농장이 영 마음에 들지 않는다는 것이었다. 아무리 애써봐야 별 소득이 나오지 않았기 때문이다.

그렇게 마음을 먹자 점점 더 자기 땅이 싫어진 그는 마침내 싼 값에 농장을 팔아치웠다. 그런 다음 그는 가족을 이끌고 부자가 될 수 있는 새로운 땅을 찾아 길을 떠났다. 하지만 부자가 되는 길은 쉽게 찾을 수 없었다. 길 위를 떠도는 동안 가족들은 하나 둘 목숨을 잃고 결국 그는 혼자 남겨졌다. 절망에 빠진 그는 거지가 되어 유랑하다가 얼마 지나지 않아 세상을 떠나고 말았다.

한편 그에게서 농장을 사들인 또 다른 농부는 자신의 땅을 목숨처럼 소중히 여겼다. 그는 농장의 흙 한 줌, 바람 한 줄기까지 사랑했다. 당연히 가족들과 더불어 땅을 일구어나가는 데 온 정성을 바쳤다. 그렇게 해서 이루어진 결실이 설령 보잘것없는 것일지라도 그는 만족했다. 열심히 땀 흘려 일하다 보면 언젠가는 반드시 좋은 결실을 맺으리란 희망도 잃지 않았다. 그리고 마침내 기적이 일어났다. 계속해서 땅을 일구어가던 그는 지난번 농장주가 버려두었던 뒷마당까지 개간하기로 마음먹었다. 땅은 척박했지만 그는 포기하지 않고 계속 파나갔다. 그러던 어느 날 그 뒷마당에서 다이아몬드 광산이 발견된 것이다.

'포기하지 말고 1미터만 더 파보자'는 말은 이 이야기의 또 다른 버전이다. 어느 농부가 다이아몬드가 묻혀 있다는 이야기를 듣고 자기 집 뒷마당을 파내려 간다. 하지만 아무리 애를 써도 다이아몬드는커녕 돌덩이만 계속 쏟아져나오자 그만 포기하고 땅을 팔아버린다. 그런데 새로 땅을 산 사람이 딱 1미터를 더 파자 이윽고 다이아몬드가 모습을 드러냈다는 이야기다.

우리가 어떤 일을 할 때 포기하고 싶은 유혹을 가장 많이 느끼는 시점이 언제일까? 대개는 조금만 더 가면 이윽고 고지가 눈앞에 보일지도 모를 바로 그 시점이다. 왜냐하면 거기까지 오는 동안 너무 지친 데다, 어쩌면 고지는 더 멀리 있을지도 모른다는 생각 혹은 아예 내가 다다르고 싶은 고지는 처음부터 없었을지도 모른다는 생각이 고개를 들기 때문이다. 그래서 많은 사람들이 고지를 눈앞에 두고 그만 포기하고 만다.

실제로 인생의 여러 면에서 성공한 사람들은 그 성공이 소박한 것이든 화려한 것이든 상관없이 마지막 1미터를 포기하지 않은 사람들이다. 그리고 나 역시 할 수 있다면 그런 사람이 되고 싶다. 물론 대단한 노력이 필요한 일이라 장담하기는 어렵지만 말이다.

그래서 생각해 보았다. 내가 이 시점에서 할 수 있는, 꼭 필요한 일 한 가지만 고르라면 그게 뭘까 하고. 나에게 해당되는 답은 이것이다. 바로 언어 습관을 바르게 세워나가는 것. 좋은 말, 희망의 말, 감사의 말을 더 많이 할 수 있도록 스스로를 훈련해나가는 것이 내가 올해 세운 목표다.

『학습된 낙관주의』의 저자 마틴 셀리그먼은 "성공하려면 인내력이, 다시 말해 실패를 겪어도 포기하지 않는 능력이 필요하다. 난 낙관적 언어 습관이 바로 인내력의 열쇠라고 생각한다"라고 주장했다. 나 역시 그 말에 동의한다. 인생이 말하는 대로 되어간다면 가능한 한 나쁜 언어 습관은 갖지 말아야 하는 것이다.

셀리그먼은 언어 습관이 중요하다는 것을 보여주는 사례로 다음과 같은 이야기를 하고 있다. 미국의 어느 대학에서 성공하는 사람들의 일생을 연구하기 위해 그들을 십대 시절부터 추적하는 실험을 했던 모양이다. 그런데 흥미로운 결과 중 하나가 바로 그들의 언어 습관이었다고 한다.

예를 들어, 십대 때의 일기장을 비교했더니 좋은 일에 대한 언어 습관은 비교적 들쑥날쑥했으나 나쁜 일에 대한 언어 습관은 50년 동안 변함이 없는 경우가 대부분이었다고 한다. 실제로 십대 때 자신이 '매력이 없어서' 남자애들이 자기한테 관심이 없다고 쓴 여성은 50년 뒤에도 자신이 '매력이 없어서' 손자들이 놀러 오지 않는다고 쓰고 있었다는 것이다. 매우 슬픈 일이지만 그녀 역시 인생이 평생 말하는 대로 이루어진 셈이다.

그런 비극에 빠지지 않으려면, 즉 좋은 언어 습관을 가지려면 어떻게 해야 할까?

방법은 하나뿐이다. 스스로를 믿고 사랑할 수 있어야 한다. 온갖 종류의 자기계발서가 쏟아져 나오고 있는 시대에 그 말이 얼마나 상투적으로 들릴지 나 또한 잘 안다. 언젠가 강의를 하러 가는 길에 이와 관련하여 재미있는 경험을 한 적도 있다. 어떻게 하다가 내 강의를 들으러 오는 젊은 친구들과 같은 엘리베이터에 타게 되었다.

"이번 강의 내용이 뭐래?" 하고 20대 직장인으로 보이는 여성이 친구에게 물었다. 물론 그들은 그 강의를 할 사람이 함께 있다는 사실은 미처 알아차리지 못했다. 아무튼 친구의 질문에 다른 여성이 대답했다. "아마 모르긴 해도 나 자신을 사랑하자, 뭐 그런 이야기 아니겠어? 자기계발 강의가 다 뻔하지, 뭐." 말끝에 두 사람은 후훗 하고 짧은 웃음을 터뜨렸다. 나 역시 속으로 씁쓸하게 웃지 않을 수 없었다. 물론 천만다행히도 그날 내 강의에 나를 사랑하자 운운하는 '뻔한' 이야기는 없었다.

군이 이 이야기를 하는 것은 스스로를 믿고 사랑해야 하는 일보다 더 중요한 것이 없는데도 어쩌다 보니 그런 말 자체가 지나치게 진부하고 상투적이 되었다는 생각 때문이다. 하지만 진부하고 상투적이란 건 그만큼 보편적으로 꼭 필요하고 중요하다는 의미이기도 하다. 아마도 그래서 수많은 사람들이 글로 쓰고 강의 주제로 삼는 것일 테지만.

스스로를 믿고 사랑하는 일이 중요한 까닭은, 그렇지 못할 경우 지나치게 남의 말, 남의 판단, 남의 이목에 휘둘리게 되기 때문이다. 그것을 두고 저 먼 옛날의 현자 에라스무스도 다음과 같이 한탄했다.

"자기 자신을 미워하는 사람이 다른 사람을 사랑할 수 있는가? 자신과 싸우는 사람이 다른 사람과 화합할 수 있는가? 자신을 짐스러워하는 사람이 다른 사람을 기분 좋게 할 수 있는가? (……) 대개 친모보다는 계모와 성격이 비슷한 자연은 인간들이 조금이라도 총명하면 그들의 정신 속에 자신에 대해서는 불만스러워하는 마음을, 남들에 대해서는 감탄하는 마음을 심어놓는다. 그런 성향은 삶을 우울하게 하며 그로 인해 스스로의 인생은 모든 이점과 멋과 매력을 잃고 만다."

에라스무스는 스스로를 믿지 못하고 사랑하지 못하는 사람이 빠지기 쉬운 함정을 제대로 묘사했다.

우리 속담에 "남의 떡이 커 보인다"라는 말이 있다. 단순히 남의 떡만 커 보이면 그래도 괜찮다. 문제는 내가 가진 것은 다 하찮게만 여겨질 때 찾아온다. 그렇게 되면 에라스무스의 말대로 삶이 우울해지고 인생의 모든 좋은 점과 멋과 매력이 사라지게 되어 있다. 당연히 내 입에서는 나도 모르게 우울한 말, 부정적인 말, 나쁜 말들만 나오게 된다. 그러면 이번에는 그 말들로 인해 또다시 내 인생이 정말로 하찮아지는 악순환이 이어진다.

그 악순환에서 벗어나는 것이 내 안의 다이아몬드를 찾는 길이라는 것을 우리는 잘 알고 있다. 그러니 어찌 좋은 태도를 갖고 좋은 말을 할 수 있도록 스스로를 훈련하지 않을 수 있겠는가. 물론 그런 훌륭한 습관을 쭉 이어가겠다는 다짐도 잊어서는 안 될 것이다.

뜻을 못 이루어도
좌절 없이
태연하게

———

우리 뇌는 우리가 생각하는 것보다 영리하다. 한번 뇌에 새겨진 아픈 기억은 그것을 해결하지 않으면 반드시 모습을 다시 드러 낸다. 기억하고 싶지 않을수록 무의식의 세계에 침잠해 있다가 어느 순간 빙산의 일각처럼 불쑥 솟아나는 것이다.

우리의 삶도 마찬가지다. 힘든 일일수록 정면으로 돌파하는 것 외에는 답이 없는 경우가 많다. 인간관계도 삶도 자연의 일부다. 그리고 자연에 직선으로 이어지는 것이 많지 않은 것처럼 삶에도 직선으로 이어지는 길은 그리 많지 않다. 주역에서 내가 좋아하는 문장이 있는데, 바로 '평평하기만 하고 비탈지지 않은 땅은 없다'는 구절이다. 조병화 시인의 시에 나오는 '나의 천적은 바로 나'라는 구절에도 깊이 공감한다. 나 역시 그 말을 실감할 때가 한두 번이 아니기 때문이다. 그런데 내 인생은 쭉 뻗은 직선이야 한다고 여기는 데서 대부분의 갈등이 생겨난다.

어쩌면 내 경우엔 '나의 천적은 내가 갖고 있는 기질'이라고 해야 좀 더 정확한 표현일지도 모르겠다. 불안강도가 높고, 작은 일도 선뜻 결정하지 못하고, 자주 우울 속으로 곤두박질하고, 그러면서도 일단 추진력이 붙으면 매우 빠른 속도로 일을 해치우지만, 반대로 한번 손을 놓은 일은 웬만해선 다시 기억도 잘 못하는 내 기질이 언제나 말썽인 것이다. 하지만 그러한 면들이 모여서 내 인생에 다양한 스펙트럼을 부여하는 것 또한 사실이다. 그런데도 우리 인간은 자신에게 그러한 결핍이 있다는 사실을 인정하는 걸 몹시 어려워한다. 남들과 비교할 때만큼 내가 갖지 못한 것들이 특히 두드러지는 때도 없기 때문이다.

예를 들어 누군 외모도 근사하고 능력도 뛰어나고 사업수완까지 있어서 일취월장으로 성공을 향해 달려간다. 그런데 도대체 난 왜 이 모양 이 꼴인 건지 싶을 때가 여러 번 있는 것이다. 그런 순간에 인생의 불공평함 앞에서 좌절감을 느끼지 않을 사람은 없다. 원망을 키워가는 사람도 많다. 괜찮은 가문과 좋은 부모 밑에서 태어나지 못한 원망, 좋은 기회가 주어지지 않는 데에 대한 원망, 잘난 외모와 명석한 두뇌를 타고나지 못한 원망, 남들이 날 제대로 알아주지 않는 데에 대한 원망 등등. 원망이란 한번 시작하면 도무지 끝이 없는 법이다. 그와 같은 원망은 대부분 열등감을 만들어내는 원인이 된다. 거기서 좀 더 발전해 일상생활에 방해를 받을 정도면 신경증이 되고 마는 것이다.

알고 보면 문제없는 인생은 없다. 운이 좋은 것처럼 보이는 사람이나 그렇지 않은 사람이나 마찬가지다. 누구도 바라는 대로 백 퍼센트 채워진 인생을 살아갈 수는 없다. 어떤 인생이든 부족한 부분은 있는 것이다. 그런데 그것을 특별히 더 받아들이지 못하는 사람들이 있다.

스스로에게 결핍된 부분을 채워가기 위해서는 먼저 그 결핍을 받아들이는 자세가 필요하다. 모든 이의 인생에 직선만 있는 것은 불가능하다는 사실을 인정해야 하는 것이다. 그런 다음에는 그것을 채워 넣으려는 노력이 필요하다. 나는 그것을 '마음도 먹어야 한다'고 표현하기를 좋아한다. 우리 몸이 음식을 먹고 분해해서 에너지를 내는 것처럼 마음도 들어오는 것이 있어야만 그것을 대사한 다음 에너지를 만들어낼 수 있는 것이다.

그렇다면 우리 마음은 무엇을 먹어야 하나? 아마 이쯤에서 다들 해답을 짐작하실 것이다. 그리고 어쩌면 듣자마자 "뭐야, 너무 진부하고 상투적인 거 아니야?"라고 여길 분들도 있을 것이다. 물론 "긍정적 감정을 먹는다"라는 답은 충분히 그런 생각을 갖게 한다. 하지만 인생에 있어서 대부분의 해답은 희망과 꿈, 사랑, 즐거움, 기쁨처럼 대체로 진부한 법이다. 중요한 것은 그와 같은 긍정적인 감정이야말로 우리 정신의 양식이요 밥이라는 것이다. 그리고 그것을 먹을 때 우리 뇌에서 스트레스 호르몬의 분비가 억제되고 마음의 평화에 연관되는 옥시토신이 분비된다는 것은 잘 알려진 사실이다. 그렇게 인생의 좌절을 이겨내면서 내게 결핍된 부분을 보완하기 위해 노력한다면 그것만으로도 충분하지 않을까.

정신의학적으로 건강함을 측정하는 도구 중에서 내 인생은 내가 만들어간다는 자기의지력과 자기결정력을 평가하는 것이 있다. 그중에서도 중요한 것이 '있는 그대로의 나를 받아들이는가' 하는 항목이다. 나는 그것이 이 책에서 계속 강조해 온 것처럼 스스로의 인생과 건강한 까칠함을 맺고 있는지 알 수 있는 중요한 지표라고 생각한다. 있는 그대로의 나를 받아들이는 사람은 태어나서 경험한 모든 것들이 자신을 이룬다는 사실을 이해하는 사람이다.

　이를 아인슈타인의 상대성 원리인 $E=mc^2$에 대입해 보면 더욱 확실한 해답을 구할 수 있다. 에너지(E)를 자신의 정신적, 창의적 힘으로 본다면 질량(m)은 자신의 무게, 즉 자긍심으로 보고 광속(c)은 지혜로 볼 수 있다.

　질량, 즉 자긍심이란 사회적 위치나 직업 같은 외적 요소로 인해 스스로를 평가하는 것이 아닌 진정한 한 인간으로 자기를 받아들일 수 있는 능력을 의미한다. 오래전에 한 선배가 외국으로 유학 간 경험을 털어놓은 적이 있다. 막상 외국에 도착해 보니, 자신은 더 이상 한국에서 잘나가는 의사가 아니라 그저 한 명의 동양인일 뿐이더라는 것이다. 그러면서 사회적 조건을 넘어서 한 개인으로 타지에 섰을 때 비로소 자신의 진짜 모습을 받아들이게 되었다는 말에 숙연해진 적이 있다.

지혜는 말 그대로 죽은 지식이 아닌 진정한 혜안을 말한다. 그리고 그런 지혜의 능력을 갖기 위해서는 인간에 대한 폭넓은 이해가 필요하다. 언젠가 판사 출신의 변호사 한 분이 이런 이야기를 했다.

"내가 판사일 때는 10년 형을 사는 사람들과 그 가족들이 어떻게 변화해 가는지 볼 수 없었다. 하지만 변호사가 되고 나니 그 사람들이 변화해 가는 모습을 곁에서 직접 볼 수 있었다. 이후 나는 재판에서의 판결에 더욱 두려움을 갖게 되었다."

그의 말은 우리가 인간에 대해 가져야 하는 이해가 어떤 것인지를 잘 보여주고 있다.

물론 내가 나를 받아들인다고 해서 매 순간 마음에 드는 것은 아니다. 신체적 근육도 매일 만들어야 한다. 일껏 만들어놓은 복근도 조금만 운동을 게을리하면 다시 없어지지 않는가. 그런 것처럼 마음도 매번 다스리는 훈련이 필요하다. 예를 들어, 실수해서 마음이 아프다 해도 스스로를 비판하기에 앞서 있는 그대로 받아들이고 이해하려는 노력이 필요하다. '내가 왜 그랬 지?'가 아니라 '아, 내가 그때 그래서 그랬구나' 하고 현실적 문 제도 해결하고자 노력하면 된다. 즉, 나의 발전을 위해 투자하 고 있는 것은 무엇인지, 현실적인 문제를 풀기 위해 어떤 방법 을 활용하고 있는지 등을 생각해 보는 것이다. 문제를 해결하기 위해 지나치게 노력하는지 아니면 반대로 너무 적은 시간과 노 력을 기울이는 것은 아닌지 등도 살펴볼 필요가 있다.

최근 정신의학에서는 '뇌도 변화한다(Neuroplasticity)'는 사실 이 알려지고 있다. 삶에서의 건강한 까칠함에는 내 뇌를 유연하 게 성장시키도록 노력하는 것도 포함된다. 뇌는 해결되지 않은 감정이나 생각이 있으면 어떻게 해서든 해결하려고 한다. 그러 므로 우리 또한 뇌에서 느낄 부담을 덜어줄 필요가 있다.

『옛사람이 건넨 네 글자』라는 책에서 '처세육연(處世六然)'이 라는 말을 찾았다. 살면서 지켜야 할 여섯 가지 처신이라는 뜻으 로 명나라 때 최선(崔銑)이라는 사람이 시인 왕양명(王陽明)에게 주었다는 처세훈의 내용을 담고 있다. 그 내용은 다음과 같다.

"스스로는 세속에 집착하지 않고

남에게는 온화하고 부드럽게

일을 당하면 단호하고 결단성 있게

평소에는 맑고 잔잔하게

뜻을 이루면 들뜨지 말고 담담하게

뜻을 못 이루어도 좌절 없이 태연하게."

나는 이 문장을 읽으면서 우리가 삶에서 지녀야 할 건강한 까칠함을 함축한 것이라고 느꼈다. 저 옛날 왕양명이 아니어도 마음에 담아둘 만한 구절이 아닌가 싶다.

다른 사람을 사랑하기 위해서
우리 자신을 사랑하라

몇 년 전 나는 사랑하는 반려견을 잃었다. 그 조그만 녀석에게 난 첫눈에 반했고, 일곱 해를 함께 지냈다. 가족 모두 그 녀석을 사랑했지만, 나와는 특별히 더 애틋한 감정을 나누곤 했다. 오로지 녀석이 보고 싶어 집에 빨리 갈 때도 있었다. 물론 녀석도 그런 나의 사랑을 잘 알았다. 그리고 내가 녀석에게 보여준 것보다 훨씬 더 큰 애정과 헌신을 내게 보여주었다.

그렇게 사랑하던 존재가 갑자기 떠나버렸다. 아무런 예고도 없이. 녀석은 갑자기 아프기 시작했고 놀라 허둥거리며 동물병원을 찾았지만 아무 소용이 없었다. 병원에서는 점점 고통이 심해질 뿐이니 안락사를 시키라고 했다. 물론 그럴 수는 없는 일이었다.

녀석을 데리고 큰 병원으로 가면서 "무슨 일이 있어도 넌 살아야 한다"라고 계속 되뇌었다. 그랬더니 첫날밤을 잘 넘기는 것 같아 안심을 했다.

사람들은 늘 인생의 비극 앞에서 자기만은 예외이기를 바란다. 녀석을 두고서는 나도 그랬다. 영화 「말리와 나」에서 주인공도 수의사에게 그렇게 소리 지른다. "내 개는 특별한 개니까 꼭 살아날 거예요!"라고.

나 역시 그 영화 속 주인공과 조금도 다르지 않았다. 하지만 인생은 누구에게도 예외를 허락하지 않는다는 것을 경험하는 순간은 금방 닥쳤다. 병원에서 연락이 왔다. 녀석이 이미 숨을 거두었다고. 그 순간의 황망함이라니. 무엇보다도 곁에 아무도 없는 채로 혼자 이 세상과 작별했을 녀석을 생각하니 하염없이 눈물이 솟구쳤다.

인생의 그 어떤 문제들도 사랑하는 존재의 죽음과 이별 앞에서는 어떤 의미도 없다는 것을 나는 다시금 경험했다. 결국 죽음 앞에서 중요한 것은 아무것도 없는데, 그럼에도 불구하고 그동안 얼마나 많은 것을 잃어버리고 있었던 것일까 하는 자책도 몹시 컸다.

갑작스럽게 아프기 전까지만 해도 강아지는 건강했다. 그런만큼 무엇보다도 산책하는 것을 좋아했다. 그런데 나는 아침마다 산책 가자고 애원하는 녀석의 눈빛을 외면할 때가 더 많았다. 녀석과 산책을 하기보다 30분 일찍 병원에 나가면 처리할수 있는 일들이 얼마나 많은데, 싶었던 것이다. 막상 강아지가 떠나고 나니 그 일들은 꼭 그때 처리해야 할 것도 아니었다는데 생각이 미쳤다. 그러면서 그 녀석에게 해주지 못한 것만 생각났다.

인생에서 중요한 것이 무엇인가? 나를 꼭 필요로 하는 존재 옆에서 내가 아니면 줄 수 없는 것들을 주는 것이 아니던가. 하지만 그런 깨달음은 늘 그렇듯이 한걸음 뒤늦었고 녀석은 이미 내 곁을 떠나고 없다.

경험해 본 분들은 알겠지만 강아지들의 사랑은 계산이 없다.

무한하고 헌신적인 애정을 자신이 사랑하는 존재에게 백 퍼센트 다 쏟아붓는다. 반면 우리 인간은 어떤가? 대개의 경우 우린 상대방이 나한테 준 것만큼만 되돌려주고자 안간힘을 쓴다. 조금이라도 더 주었다가는 언제 어떻게 뒤통수를 맞고 배신을 당할지 모른다고 여기기 때문이다.

물론 그것이 의도적인 계산은 아닐지도 모른다. 하지만 내가 더 상처받고 싶지 않다는 생각이 자신도 모르게 그런 생각을 하게 만드는 것이다. 하지만 강아지들은 그렇지 않다. 아무런 계산 속 없이 한결같이 의연하게 그저 무한한 사랑을 내어줄 뿐이다. 그런 몰두와 헌신 때문에 녀석들은 어쩌면 생명이 그토록 짧은지도 모른다는 생각이 든다.

사람들 사이에서는 그런 사랑이 불가능하다. 더러 있긴 하겠지만 나를 포함한 보통 사람들에게는 일어나기 어려운 일임이 분명하다. 제대로 사랑하는 법을 모르기 때문은 아니다. 무수하게 많은 책과 영화와 드라마가 어떻게 제대로 사랑하는 것인지에 관해 온갖 이야기들을 펼쳐놓고 있지 않던가. 때로는 감동하고, 때로는 화도 내고, 때로는 동경도 하고, 때로는 역할모

델로 때로는 반면교사로 삼기도 하면서 우리는 그런 이야기들에 빠져든다.

하지만 그 모든 것은 어차피 내 이야기가 아니다. 내게는 나만의 이야기, 나만의 사랑이 있다. 그리고 그 이야기 속에서 제대로 사랑하려면 어떻게 해야 하는지 아는 것도 나뿐이다. 우리의 문제는 그것을 실천에 옮기기 어려워한다는 데 있다. 그저한 걸음만 내디뎌도 나머지 걸음부터는 훨씬 수월하리란 걸 알면서도 선뜻 발걸음을 떼지 못하는 것이다.

원인이 없는 것은 아니다. 사랑에는 늘 기대와 불안이 교차한다. 내가 주는 만큼 받지 못할지도 모른다는 불안감, 어쩌면 나는 사랑받을 만한 가치가 없는 존재일지도 모른다는 열등감, 상처 입고 싶지 않다는 두려움 같은 심리적 동인들이 너무 크기때문이다. 그래도 우리는 서로 사랑하지 않으면 안 된다. 사랑만이 우리를 구원할 수 있기 때문이다.

너무 상투적이고 진부하다고? 하지만 여전히 유효한 것은 그뿐인걸 어쩌랴. 그리고 어떻게 사랑하는지에 대한 대답 역시 진부하지만 여전히 유효한 것은 하나뿐이다. 프랑스의 정신의학자 프랑수아즈 돌토의 다음 문장이 그 해답이다.

Epilogue

다른 사람을 사랑하기 위해서 우리 자신을 사랑하라

"우린 다른 사람을 사랑하기 위해서 우리 자신을 사랑해야 한다. 그러기 위해서는 여태까지 다른 사람들과의 관계 속에서 실패했던 일들을 받아들이고 속았던 것들, 대화 도중에 앙금으로 남아 있는 것까지 모두 받아들여야 한다."

물론 돌토의 말처럼 하기가 쉬운 건 아니다. 하지만 최선을 다해 노력해 볼 수는 있을 것이다. 그러다 보면 조금은 편하고 가볍게 그리고 어쩌면 우아하고 품위 있게 모든 사랑과 인간관계에 대처할 수 있지 않을까.

"결국은 소중한 사람의 손을 찾아

그 손을 꼭 잡고 있기 위해서, 오직 그러기 위해서

우린 이 싱겁게 흘러가는 시간을

그럭저럭 살고 있어요. 그렇지 않은가요?"

나는 까칠하게 살기로 했다

개정 1판　1쇄 발행 2016년 11월 28일
개정 1판 20쇄 발행 2021년 12월　9일
개정 2판　1쇄 발행 2022년　5월 12일
개정 2판　8쇄 발행 2024년　9월　5일

지은이 양창순
펴낸이 김선식

경영총괄 김은영
콘텐츠사업본부장 임보윤
책임편집 한다혜　**디자인** 윤유정　**책임마케터** 이고은
콘텐츠사업1팀장 성기병　**콘텐츠사업1팀** 윤유정, 정서린, 문주연, 조은서
마케팅본부장 권장규　**마케팅2팀** 이고은, 배한진, 양지환　**채널2팀** 권오권
미디어홍보본부장 정명찬
브랜드관리팀 오수미, 김은지, 이소영, 서가을　**뉴미디어팀** 김민정, 이지은, 홍수경, 변승주
지식교양팀 이수인, 염아라, 석찬미, 김혜원, 박장미, 박주현
편집관리팀 조세현, 김호주, 백설희　**저작권팀** 이슬, 윤제희
재무관리팀 하미선, 윤이경, 김재경, 임혜정, 이슬기, 김주영, 오지수
인사총무팀 강미숙, 지석배, 김혜진, 황종원　**제작관리팀** 이소현, 김소영, 김진경, 최완규, 이지우, 박예찬
물류관리팀 김형기, 김선민, 주정훈, 김선진, 한유현, 전태연, 양문현, 이민운
외부스태프 표지·본문 일러스트 윤다은(@yuniversssee)

펴낸곳 다산북스　**출판등록** 2005년 12월 23일 제313-2005-00277호
주소 경기도 파주시 회동길 490
전화 02-702-1724　**팩스** 02-703-2219　**이메일** dasanbooks@dasanbooks.com
홈페이지 www.dasan.group　**블로그** blog.naver.com/dasan_books
종이 IPP　**인쇄** 민언프린텍　**제본** 국일문화사　**후가공** 제이오엘앤피

ISBN 979-11-306-9042-1 (03190)